儿童社交课

ERTONG SHEJIAO KE

尚伟◎编著

中国纺织出版社有限公司

内 容 提 要

所谓社交能力,就是一个人交朋友的能力,它折射出一个人的智慧与才能,更能帮助一个人敲开成功之门。好人缘是人生成功的资本,儿童学习一些社交知识,才能提高综合素养,成为受人欢迎的人。

本书是针对儿童设计的社交能力培养手册,全面、系统地归纳阐释了儿童必须懂得和学习的礼仪常识,内容包括懂礼貌、与人沟通、融入集体生活、学会合作和分享、化解矛盾冲突等方面,从而提升儿童在不同情境中的社交能力,建立良好的人际关系,进而在未来更好地融入社会,成为受欢迎的小朋友。

图书在版编目(CIP)数据

儿童社交课 / 尚伟编著. --北京:中国纺织出版社有限公司,2022.7
ISBN 978-7-5180-8980-2

Ⅰ. ①儿… Ⅱ. ①尚… Ⅲ. ①社会交往—儿童教育 Ⅳ. ①G611

中国版本图书馆CIP数据核字(2021)第205227号

责任编辑:江 飞　　责任校对:高 涵　　责任印制:储志伟

中国纺织出版社有限公司出版发行
地址:北京市朝阳区百子湾东里A407号楼　邮政编码:100124
销售电话:010—67004422　传真:010—87155601
http://www.c-textilep.com
中国纺织出版社天猫旗舰店
官方微博 http://weibo.com/2119887771
三河市延风印装有限公司印刷　各地新华书店经销
2022年7月第1版第1次印刷
开本:880×1230 1/32 印张:5
字数:110千字 定价:49.80元

凡购本书,如有缺页、倒页、脱页,由本社图书营销中心调换

　　我们都知道，人是群居动物，人类社会的发展都是围绕各种活动进行的，然而一切社会活动的基础就是人与人之间的接触和交往。每个人都会与人打交道，这并不是一件难事，但是能够很好地处理自己的人际关系却不是每个人都能做到的，如同做任何事情一样，会做和做得好往往有天壤之别。的确，成功的事业离不开社交，美满的生活同样离不开社交。要想在社交中游刃有余、如鱼得水、做到人见人爱，除了提高自身素质外，还必须掌握一些社交技巧。美国成功学大师戴尔·卡耐基曾说："成功，15%依靠专业知识，85%依靠人际关系。"

　　对孩子而言，社交能力如何，直接影响他的学习以及自我意识的形成。在孩子的成长过程中，与同伴的交往是很重要的一课。儿童心理学家哈塔布曾说："预测一个孩子成年后的生存能力，不是看他现在的学习成绩，也不是看他乖不乖，能不能遵守课堂纪律，最好的也是唯一的方法，就是看孩子能不能跟其他孩子合得来。"

　　一个社交能力出色的儿童，往往能与周围的家人、老师和小伙伴们融洽相处，也懂得解决人际交往中的矛盾冲突，也更容易在未来的人生中体验和享受成功的喜悦；而社交能力欠缺的儿童，往往会表现出害羞、胆小、孤僻、退缩，或者脾气暴躁、有攻击性、自私自利等，这些都会影响儿童的成长和他以后的人际关系。

　　不过，出色的社交能力并非天生，而是需要通过后天努力学习获得，那么在孩子的成长过程当中，父母应扮演什么样的角色帮助孩子培养人际关系呢？知名心理学家Ron Taffel提醒，在孩子发生一些社交问题时，父母不可妄下定论，而应从旁观察并适时给予指引，帮助孩子提升自己解决问题的能力，让他们慢慢培养对于周遭事物的洞察力、自信心与社交技巧。

　　这就是我们编写本书的初衷，《儿童社交课》是针对儿童设计的社交能力培养书，以通俗易懂的语言风格、生动有趣的小故事入手，带领儿童认识到学习社交知识的重要性，并帮助儿童学会懂礼貌、学会说话、融入集体生活、学会合作和分享、学会化解矛盾冲突等，帮助孩子提升在不同情境中的社交能力，建立良好的人际关系，更好地融入社会，成为受欢迎的小朋友。

　　最后，希望每个孩子都能在人生旅途中觅得知音，在人生舞台上不再孤单，潇洒自如，赢得更出色的人生！

编著者
2021年10月

目录

第01章　社交是一种本领，优秀的社交能力需要从小培养 / 001

我不懂怎么和小朋友打交道
　　——儿童的社会交往能力需要从小培养 / 002

我想让小伙伴们喜欢我
　　——让儿童成为人人喜欢的万人迷 / 006

糖果太好吃了，大家一起吃吧
　　——分享让儿童更快乐 / 008

老师教我们文明礼貌
　　——说脏话的孩子不受欢迎 / 013

"我想交个好朋友"
　　——告诉儿童友谊是一笔财富 / 017

第02章　重在教养，好性格和好修养打造儿童的好人缘 / 021

妈妈说要尊重别人
　　——告诉儿童尊重别人才能获得自尊 / 022

原来有那么多需要帮助的人
　　——助人为乐的儿童更能广结善缘 / 025

我不和别人计较
　　——引导儿童开阔心胸，心胸狭窄的孩子不讨喜 / 029

我要做个善解人意的儿童
　　——引导儿童学会换位思考，儿童才更有同理心 / 032

我与小伙伴吵架了怎么办
——教儿童正确应对朋友之间的冲突 / 036

第03章 礼多人不怪，讲文明、懂礼貌是儿童社交的通行证 / 041

大家都喜欢彬彬有礼的孩子
——从小培养儿童优雅的谈吐 / 042

礼多人不怪
——教会儿童说些"礼貌"用语 / 045

见到熟人要礼貌称呼和问好
——让儿童学会恰当地称呼他人 / 047

小朋友给我好吃的，我要说"谢谢"
——常说"谢谢"的儿童更可爱 / 051

放学了，我要排队离开教室
——告诉儿童要养成自觉排队的好习惯 / 054

第04章 友善宽容，稳定的情绪管理能力让儿童更受欢迎 / 059

为什么人有喜怒哀乐
——让儿童学会认识和表达自己的情绪 / 060

妈妈总当着很多人的面说我
——理解和认同儿童的负面情绪 / 064

我很难过
——告诉儿童，要学会向他人倾诉内心的不快 / 067

我就喜欢发火
——儿童动不动发脾气怎么办 / 071

第05章　以教人者教己，引导儿童与家庭成员和睦相处 / 077

爸爸妈妈，我们做朋友吧
——尝试和儿童建立友谊 / 078

我和妈妈吵架了
——当亲子间发生矛盾后如何处理 / 082

爸爸妈妈好辛苦
——感恩之心，让儿童从小知道孝敬父母 / 085

要尊重爷爷奶奶
——告诉儿童要孝敬长辈 / 089

我会改正的
——允许儿童犯错，让儿童在错误中成长 / 092

第06章　拒绝孤独，鼓励儿童与小伙伴"相亲相爱" / 097

为什么受伤的总是我
——引导儿童学习如何保护自己的权益 / 098

小朋友不带我玩
——引导儿童如何交到朋友 / 101

老师，××又打我了
——儿童喜欢告状惹人厌怎么办 / 104

拒绝了小伙伴，怕别人不喜欢我
——教会儿童如何拒绝小伙伴 / 108

我就喜欢小朋友都听我的
——告诉儿童霸道的孩子没人爱 / 112

第07章 尊敬师长，引导儿童和老师之间架起沟通的桥梁 / 117

老师太辛苦了
——告诉儿童要尊敬和爱戴老师 / 118

你说东我偏往西
——儿童不服老师的管教，怎么办 / 122

我就是想在课堂上捣乱
——遵守课堂纪律是对老师最大的尊重 / 125

我就是讨厌老师
——儿童与老师关系不和谐，如何引导 / 129

你凭什么训我，我没作弊！
——帮助儿童和老师化解误会 / 133

第08章 热情懂事，培养在客人面前不失礼的好孩子 / 137

我是今天的小主人
——教育儿童学会主动招待客人 / 138

闭上小嘴巴
——大人说话，孩子如何不插嘴 / 141

家里突然来客人了怎么办
——告诉儿童接待客人先要有准备 / 145

以礼相送
——客人离去，教会儿童周到送客 / 148

参考文献 / 152

第01章

> 社交是一种本领，优秀的社交能力需要从小培养

作为父母，我们都知道，儿童成长成才的过程中，社会交往能力是他以后生存的重要方面，社会交往能力强者更容易走向成功。随着社会的进步，现在孩子的成长环境越来越优越，生活内容也非常丰富，这使儿童有了更多在外表现的可能，对此，作为父母，要抛弃担心和成见，鼓励儿童与人交往，大力帮助并引导他们结识好的朋友，建立纯真友谊，让他们走出狭小的自我空间，在与集体的相处中感受温暖和愉悦，在心与心的交往中丰富自己的情感世界。

我不懂怎么和小朋友打交道
——儿童的社会交往能力需要从小培养

"我女儿5岁半了,很可爱,就是特害羞,碰到熟人也一样,有时甚至还会因害羞而哭闹。我也跟她讲了很多道理,可她总是说:'我就是不懂怎么跟小朋友打交道',这该怎么办?"

这是一位年轻妈妈对儿童心理学家说的话。的确,现代社会,不少父母已经认识到社会交往能力对于儿童成长成才的重要性,并开始着手培养儿童的这一能力。然而,受人欢迎的儿童,需要我们家长从小对儿童进行培养,让他们按照一定的规则与人交往,儿童就能做到不偏不倚、不卑不亢,也才能让他完善自己的交际能力,让儿童自信大方地与人交往。

其实,儿童到了一定的年龄、尤其是快到幼儿园阶段时,就有了一定的社会交往的需求,这正是他初步进行社会交往的阶段,儿童在这个阶段会学习如何来面对家人以外的人。在这之前他的身体还不够自如,语言表达也比较简单,更多地需要成人来猜测他的意愿。可以说,他的生活处处依赖成人。而孩子到了这个年龄以后,基本都开始上幼儿园,会接触到很多的同龄小伙伴,生活范围一下子扩大了。这时,他们需要自己去面对很多的"陌生人",需要一个适应的过程。

但由于每个孩子生下来就具有不同的气质类型,一些儿童因为性格内向,一般不自信,会有点害羞,外向儿童可能在交往中比较大胆。气质类型没有好坏,只是表明了儿童对待世界的不同方式。但家长一定要注意儿童的心理成长,别把儿童的不自信当成孩子的内向和害羞,一旦发现儿童不自信,就需要根据孩子的特点进行引导,让儿童喜欢交往,擅长交往。但家长也不必担心,这个年龄段的儿童性格可塑性很大,及时正确引导,是完全可以达到效果的。

那么,家长具体应该怎么做呢?

1.创设机会,给儿童与人接触的机会

您可以带儿童参加一些集体活动,比如社区的联欢活动、故事会等,还可以经常带儿童走亲访友或把邻居小朋友请到家中,拿出玩具、糖果、画报,让儿童慢慢习惯于和别的孩子交往。孩子通常需要安全感,所以起初有家长在一旁陪伴,会让他比较放心。

2.家长多进行积极引导,避免强调儿童的弱点

如果家长朋友说,"我的女儿胆子小、不自信、走不出去"实际上这是强化儿童的弱点,结果是:"胆大"的孩子更"胆大","害羞"的孩子更"害羞"。有的家长会有意无意地说:"你看人家妹妹都会打招呼,你怎么都不会说呢?"这样的比较,反而会对儿童幼小的自尊心产生伤害,让他们更加

害羞,更加不愿意说话。所以你不要轻易去比较,要相信自己的孩子就是最棒的。

当有其他人问候孩子时,您可以让孩子自己来回答,不必代替孩子来说。如果孩子不愿意说,您可以进行一些引导,如"小朋友跟你问好了,你该怎么回答啊?"当孩子自己与"陌生人"进行交流以后,逐渐就会胆大和自信起来。

3.教儿童学会自制

与人相处,经常可能会因意见不同、误会等原因发生摩擦冲突,而面对摩擦,学会克制自己的情绪,就能有效地避免争论,起到"化干戈为玉帛"的效果。我们父母要从小训练儿童的情绪管理能力,告诉他不可因为一件小事就与其他小朋友起争执、打架等,但也不能一味地忍气吞声,这是怯懦的表现,也不是正确的交往态度。

4.教给儿童一些交往技巧

这是让你的宝贝逐渐自信起来的最佳办法。您可以教给儿童一些交往技巧。比如,带着有趣的玩具走到其他小朋友的身边,这就能吸引别人的注意;做与其他小朋友一样的动作,也会得到友好的回应;想玩别人的东西,就教孩子说:"哥哥姐姐让我玩玩好吗?"让宝宝自己去说,哪怕是您教半句,他学半句也好。如果得到了满意的回答也别急着玩,要让他学会说"谢谢"。如果得不到满意的回答,您可以打圆场,转移儿童的注意力。家长要明白,集体里儿童是一定会经历失败的,父母现在教儿童些交往技巧，以后儿童在独立面对失败时就不会承受不起。

5.及时表扬你的孩子

我们的孩子都是脆弱的，他在交往中迈出的每一步都需要父母的支持与鼓励。当儿童能大胆与其他人进行交往时，及时的表扬会让孩子更加自信，更乐于去与别人交往。

6.让儿童做些运动

研究表明，无论男孩女孩，运动能够增强孩子的自信心，发展儿童的交往能力。家长也不妨多和孩子玩一些体育运动，如球类游戏、赛跑游戏等。引导儿童学会交流的最好时机是在他进行最喜欢的活动时。一般来讲，在大人与小孩子或孩子与孩子互动玩乐、运动的时候是孩子最放松的时候，也是引导他与人交流的最好时机。

总之，在教育儿童的过程中，我们父母除了要给他们一个轻松舒适的生长环境、优越的生活条件、有品位的生活以外，还需要教会儿童如何自信地与人交往，而这需要我们在儿童还很小的时候就对其制定一些交往规矩，要知道，一个落落大方、平易近人的人才能赢得别人的赞同、尊重和喜欢，才不会孤独。

我想让小伙伴们喜欢我
——让儿童成为人人喜欢的万人迷

下面是一位妈妈的自述:"我儿子今年7岁,刚上小学一年级,性格还是比较外向的,长相虽然算不上出众,但还挺可爱。学习也不错,老师经常打电话跟我说他听课认真,可是就是人缘不好。老师告诉我他在学校比较孤僻,别的小朋友在一起打打闹闹的时候,他总是嗤之以鼻,即使别人邀请他,他也不参加,他习惯性地坐在自己的座位上,久而久之,他成了大家不喜欢和议论的对象。后来我问儿子为什么不喜欢和小朋友们玩,他说其实自己也想和他们交朋友,但就是不知道怎么融入他们,'怎样才能让别的同学喜欢和我说话呢?'这是儿子问我的问题。"

生活中,当儿童进入幼儿园和小学后,生活的圈子会比小时候更广,他们都希望在学校能被其他小伙伴喜欢,但有不少家长听到儿童有过这样的苦恼:"不知道怎样才能被同学和朋友们喜欢。"这的确是困扰儿童的一个问题。

对此,我们要告诉儿童,受人欢迎的万人迷一定是有人人喜欢的性格、品质的,而如果不被人喜欢,就要从自身寻找原因,这样才能有针对性地改变自己。比如,你可以这样说:"你可以先和好朋友聊聊原因,再自己回想下自己在哪方面做得不够,也可以让他们帮忙问问班里的其他同学为什么不喜你。也可以拿张纸出来，写出你认为班上受欢迎的男孩交际好的原因，为什么受欢迎，如他说话的方式、内容等，再与自己作对比，也就能找出原因了。"

作为父母，我们不但要成为儿童学习上的指导者，更要当他们成长路上的知心朋友，当儿童有了烦恼和困惑后，我们要为其答疑解惑。

儿童都想成为受人欢迎的人，对此，你要告诫儿童形成良好的交往品质，这些品质包括：

1.自信

自信是人际交往中一个重要的品质，因为只有自信，才会将自己成功地推销给别人认识，无数事实证明，这类人更赢得他人的欢迎。自信的人总是不卑不亢、落落大方、谈吐从容，而决非孤芳自赏、盲目清高。而是对自己的不足有所认识，并善于听从别人的劝告与帮助，勇于改正自己的错误。培养自信要善于"解剖自己"，发扬优点，改正缺点，在社会实践中磨炼、摔打自己，使自己尽快成熟起来。

2.真诚

"浇树浇根，交友交心"。想要交到真正的知心朋友，就要学会真诚待人，真诚的心能使交往双方心心相印，彼此肝胆相照，真诚的心能使交往者的友谊地久天长。

3.信任

在人际交往中，信任就是要相信他人的真诚，从积极的角

度去理解他人的动机和言行,而不是胡乱猜疑,在心里设防护墙,因为信任是相互的,尝试信任别人,你也会获得信任。美国哲学家和诗人爱默生说过:"你信任人,人才对你忠实。以伟大的风度待人,人才表现出伟大的风度。"

4.热情

在人际交往中,热情的人总是不缺朋友,因为别人能始终感受到他给的温暖。热情能促进人的相互理解,能融化冷漠的心灵。因此,待人热情是沟通人的情感,促进人际交往的重要心理品质。

人际交往确实是一门学问,其实,在教育儿童的过程中,我们不仅要让其学习到文化知识,更要着力培养他们好的性格与品质,这样,他们在未来人生道路上会有更广泛的人际关系和更多人的支持和帮助。

糖果太好吃了,大家一起吃吧
——分享让儿童更快乐

在家庭教育中,很多父母已经认识到社交能力的重要性,因为儿童早晚要步入社会,要在群体中生活。而与人分享,才能得到别人的信任、支持和尊重,因此,父母们希望儿童学会与人分享,养成慷慨、大方、谦让的美德。

所谓分享,是指将自己喜爱的物品,美好的情感体验及劳动成果与他人共享的过程。"分享"意味着宽容的心,意味着协同能力、交往技巧与合作精神,这些都是儿童应具备的重要品质。

实际上,由于家庭教育的缺失,尤其是父母的溺爱,很多儿童自私自利,不愿意与人分享,这对儿童成为一个合格的社会人是极为不利的。在现实生活中,自私、不愿意与人分享的儿童并不少见。这虽然不是什么大毛病,但一个什么都不愿与他人分享,独占意识很强的人,是很难与他人形成良好的人际关系的。所以,从小克服儿童的自私,培养儿童与他人分享的意识很重要。为此,爸爸妈妈应该帮助儿童做到下面几点:

1.分享物质

分享物质就是分享糖果、糕点、图书等物品,家长可以先由物质分享入手。还可以借宝宝过生日,邀请小伙伴、父母的亲朋好友一起来分享生日蛋糕,让儿童在此过程中学会分享,体验分享的快乐。宝宝有了新玩具或新图书,家长可以引导儿童把好东西带到幼儿园,与同伴一起分享,让儿童懂得好东西要与人一起分享,这样才快乐。

教儿童与人分享物质,要根据一定的年龄。儿童小的时候是不知道,也不愿意把自己的东西拿出来和别人分享的。两岁以前的小孩,一般来说是自己玩或大人带着玩,还不能和其他小朋友一起玩。这个时期的小孩,如果他想要别人的东西,要

让他学会说请。先让其他人配合,如果说请,可以给他的一般就给他;如果不可以的,就说明理由。

在孩子两岁左右时,就可以开始教他分享了。教他和别人分享,要慢慢劝说,不能强迫。渐渐地养成他愿意分享的优点,让他感受到,有礼貌时别人和他分享的可能性很大,而和别人分享时可以玩得更高兴,同时可以交到朋友。但也要告诉他,如果不愿意给别人玩的,可以不分享。

2.分享快乐

分享快乐就是别人很高兴的事,你也可以一起高兴,从而产生一种因分享而带来的快乐和满足感。

3.分享成功

分享成功有助于培养儿童大气的性格。引导儿童从小分享他人成功,就显得尤为重要了。

4.在家庭中巩固分享行为

幼儿善于观察和模仿,家长的言行举止都是幼儿观察和模仿的对象。以下三种方法,家长可以借鉴学习。

(1)创设环境。家中尊老爱幼,注意引导儿童从身边的小事做起。例如,把新玩具分给邻居家的小朋友玩,有好吃的先分给爷爷、奶奶、爸爸、妈妈吃,让幼儿渐渐养成分享的习惯。

(2)故事引导。家长可以在晚饭后或睡觉前讲述一些有关分享和谦让的脍炙人口的故事、儿歌,让儿童从小懂得要谦让,要把好东西分给大家。比如,我们可以告诉儿童这样一个故事：

从前，在一个偏僻的小山村，在一户人家里，有弟兄四个，他们的父母早早过世，四个兄弟相依为命，最大的哥哥也就承担了照顾弟弟们的责任。

一天，在城里做活的哥哥带回来三块糖。这对于这个贫苦的家来说，简直是山珍海味了，看着弟弟们高兴的样子，哥哥问弟弟们："好吃不？"弟弟们都不停地点头，对哥哥说："哥哥，那你什么时候再给我们买糖啊？"哥哥说："如果你们每天都快快乐乐的，哥哥每天都给你们带糖吃。"

弟弟们也都答应了。

哥哥还是照旧和往常一样在城里做活，虽然做的都是些辛苦的体力活，但是一想到自己快乐的弟弟们，他就不觉得累了。

在家的三个弟弟虽然看不到哥哥，但是依然听话、快乐，他们会想念哥哥，不是因为哥哥会给他们带糖吃，而是担心哥哥在外面的安危。

有一天傍晚，哥哥回来了，但是手里却没糖，弟弟们看到哥哥推搡的样子，大概知道了，应该是哥哥今天没赚到钱。

过了会儿，一个弟弟把自己的拳头递给了哥哥，然后打开，哥哥看到里面是六颗完全保存完好的糖果。接着，一只只小拳头伸向了哥哥，一颗颗糖果轻轻地落在了哥哥的手中。哥哥顿时惊呆了。哥哥搂住了三个弟弟，因为感动，哥哥不禁流下了热泪。

此后,哥哥还是和以前一样,每天都会给弟弟带回来三颗糖,但每天都有一个弟弟不吃,而是留给哥哥,因此,哥哥每天都能吃上弟弟给他的一颗糖。三个弟弟虽然每天都有一个没有糖吃,但他们比以前更加地快乐。

这是个感人的故事,这些孩子,虽然每天有一个人没有糖吃,但却是快乐的,这就是分享的力量,这就是亲情的作用!在引导儿童认识分享的意义时,父母也可以多讲这样的故事。

(3)榜样作用。父母是孩子的第一任老师,父母的日常行为、言谈举止和情感态度随时都对幼儿的发展产生潜移默化的影响。所以,父母要做个有心人,平时抓住一切有利时机为儿童做好行为示范。父母必须经常检查自身的言行,为幼儿做出良好的榜样。

5.及时鼓励表扬

如果儿童分配得合理,就及时表扬强化。在小区里,家长可以引导儿童关心帮助他人,如给孤寡老人问寒送暖、给灾区人民捐衣送物、和邻居友好相处等。家中如有小客人来了,可以请儿童来招待,把自己好玩的玩具、好看的图书拿出来与小客人分享。

父母应该采取积极的教育态度,当幼儿表现出不愿分享时,家长要告诉儿童,好东西要同大家一起分享,同时在平时生活小事中不忘教育提醒儿童分享。

总之,家长不能对儿童的要求有求必应,而是让儿童在和别人交往中，让儿童自己决定什么东西在什么时候是否分享，但父母只能引导，不能强迫，要用正面教育的方法。教儿童和朋友分担痛苦，他的痛苦就会减少许多，教儿童和朋友分享快乐，他的快乐就会成倍增长。学会了分担和分享，他的生活就会遍布阳光，这样的儿童才是内心健康，人格健全的，才能迎接未来社会的挑战！

老师教我们文明礼貌
——说脏话的孩子不受欢迎

作为父母，我们在孩子还小时，可能经常会嘱咐他要文明礼貌，不能讲脏话，但是随着孩子年纪的增长，逐渐忽视了对儿童的这一教育，转而把眼光都放在了孩子的学习上，而事实上，儿童是需要全面发展的，这也是素质教育的宗旨。要知道，一个满嘴脏话的人，无论是生活、工作还是学习，都无法获得他人的尊重和友好协作，也不易获得友谊和自信，因此往往缺乏幸福感。要想使儿童成长为有所作为的人，父母就应教孩子从小懂礼貌、讲文明。

我们先来看看下面的案例：

最近，在外出差一个月回来的妈妈发现四岁的儿子开始说一些奇怪的话。比如，这天看动画片时，儿子突然说："我

靠,这狼真傻。"起初,妈妈不以为意,心想,可能是孩子在语言敏感期,并不懂这些词语的含义。

但有一天,奶奶带着儿子从外面遛弯回来。进门后,儿子蹦出一句:"妈的,今天真热。"妈妈愣了愣神,对儿子说:"小孩子说脏话多不礼貌,说,谁教的?"妈妈有点生气了,大声吼了儿子,此时,奶奶赶紧说:"孩子就说一点口头禅怎么了,至于发这么大火吗?"此刻,妈妈突然明白了,应该是孩子奶奶从老家来的这一个月,经过耳濡目染,孩子学会了说脏话,果然,儿子奶声奶气地说:"奶奶今天跟人吵架,说……"

这个案例中,小男孩之所以学会了说脏话,是受到奶奶的影响,的确,成长期的孩子的模仿和学习能力很强,成人如果说话不文明礼貌,孩子也会效仿,这样的孩子是不受人欢迎的,会直接影响到孩子的人际关系。

如果你的孩子总是说脏话,那么,你需要从以下几个方面来引导他,并订立规矩:

1.让孩子知道说脏话是不对的

孩子很可能并不知道脏话的内容和含义,家长最好帮助孩子认识和了解,让孩子明白说脏话是不对的

另外,父母在听到自己的孩子说脏话时,不要显得惊慌失措,也不要气急败坏地责骂,更不能置之不理,要冷静,蹲下来,严肃而不凶悍,以和缓的语气和孩子说话。例如:

"这是大人说的,你是孩子,不能说这个词语,知道吗?"

"孩子,你刚才说的那句话,用的词汇很不好,你知道我说的是哪个词汇吗?"

"你愿意让别人看不起吗?"

"那么,你应该怎么说?说给妈妈听。"

"对啦!这样说才是好孩子。"

家长最难做到的就是"不生气"。你生气,孩子就听不进你说的话了。而另外一些家长则喜欢和孩子说大道理,让孩子不耐烦,反而失去教育的功效。

2.言传身教

父母首先要注意自己的语言素养,不可说脏话。生活中大多数情况是这样的,大人有时也会语出不雅,但都习以为常,不会觉得有什么异常。而脏话从孩子嘴里说出来,就特别刺耳,要是他们在大庭广众冒出些脏话,父母更是想找个地洞钻下去。其实,家长也应该拒绝说脏话,这样,在家里建立互相监督的制度,如果父母不小心在孩子面前说了不文明的词句时,一定要向孩子承认错误,以加深他不能说脏话的印象。

3.教会孩子一些初步的礼仪知识

家长应该从小教导孩子学习一些礼仪知识,这也是文明行为,包括见面或分手时打招呼、握手,与人交谈时眼神、体态和表情要体现出对对方的尊重,久而久之,孩子就会认识到说脏话是一种不礼貌的行为,就会努力改正。

4. 孩子说脏话，不要有强烈反应

孩子说脏话，多半是模仿、好玩，是为了显示他的某种本事。碰到这种情况，您千万别笑，更不要流露出惊奇的神色，有时严厉的训斥也是无济于事的，因为这些反而会强化他的行为。其实孩子并不一定知道脏话的含义，主要是为了得到父母对他的反应或注意。孩子从小伙伴那儿学了几句骂人的话，在家和学校中一边说，一边开心地大笑，这时，我们心里挺恼火，但也要强忍着不显示出任何兴趣。我想只有这样，他才会觉得索然无味。久而久之，那些不好听的字眼或脏话就会逐渐被忘掉而消失。当然，也可以寻找比较恰当的时机，告诉孩子，说脏话很难听，只有坏人和不学好的人才讲脏话。在日常生活中，孩子有时能用自己的语言来赞赏或描述他喜欢的人和事，这时，我们一定及时鼓励表扬，让他感觉到美的语言是令人愉快的。

5. 训练孩子变化一种语言方式来表达自己的情绪，杜绝说"脏话"

例如，"×××，你说话像放屁，昨天说今天把玩具还给我，怎么不还？"

告诉孩子可以这么说："你昨天说今天把玩具还给我——昨天是四月一号吗？"

如果对方知道四月一号是愚人节，立刻就明白你的意思了。

当然，孩子还小，"幽默"需要较高的语言水平，但也不妨试一试，让孩子有个努力的目标，就不会再去说脏话了。

6.多陪伴孩子，给他们积极的情绪体验

许多父母常常会在工作繁忙时忽略了孩子，没有和孩子定时互动，这样，孩子以为父母亲不爱他，便会故意说脏话来引起注意，所以，要防止孩子养成说脏话的习惯，最有效的办法就是：每天至少陪孩子半小时。这半小时，说说笑话、玩玩小游戏、一同读故事书，或者谈谈天。总之，做什么都好，让孩子感受到亲子相处的愉快，就不会染上说脏话的坏习惯了。

总之，满嘴脏话是一种不良的行为习惯，是失礼的表现，儿童不懂得尊重他人，在人际交往之中就会产生许多摩擦，也会失去许多朋友和机会，父母在关心儿童成绩的同时，决不可忽视这一点。

"我想交个好朋友"
——告诉儿童友谊是一笔财富

作为过来人的父母，我们都知道友谊对于一个人成长的重要性，对于儿童来说亦是如此，正如一首友谊之歌唱的："结交新朋勿忘旧友，一如浓茶一如美酒，情谊之路长无尽头，愿这友谊天长地久。"儿童需要朋友，尤其是当今独生子女家庭，朋友让儿童更懂得爱，也让孩子的人生路走得更平坦。

玲玲虽然是个女孩，但却不像别的女孩那样讨人喜欢，她在班上是个不受小朋友欢迎的孩子，她简直就是班上的"捣乱大王"：老师让小朋友们排队离开教室时，她在地板上爬来滚去地疯；小朋友们聚精会神听老师讲故事时，她推推左边的同伴、拍拍右边的同伴，不停地捣乱；做游戏的时候，玲玲又很霸道，她喜欢的玩具就要独占，不让其他小朋友碰……

有一次，小朋友们在玩开火车的游戏，一个小朋友当火车头，由"火车头"邀请其他小朋友上火车，小朋友们在老师的钢琴伴奏下，骑在小板凳上"咔嚓咔嚓"一起前进。开火车游戏是小朋友们都爱玩的游戏，但是每次玩的时候，不管谁当火车头，都不会邀请玲玲上车。看着其他小朋友兴高采烈地开着小火车，坐在一边的玲玲显得特别孤独……

小朋友们都不愿把玲玲当成自己的好朋友，不邀请玲玲上自己的小火车，显然，玲玲成了班级团体里不受欢迎的人。因为她淘气、霸道，小朋友都躲开她，避免被她干扰或被别的小朋友认为是属于玲玲一类的人。其实，玲玲这样的孩子，在同伴群体里不受欢迎的地位一旦形成，几年时间内这种地位都难以改变。她属于性格外向、活动水平较高的一类孩子，也就是说，她比较喜欢动而很少对安静型的活动感兴趣。所以，在要求安静的活动中，她容易出现"捣乱"行为。而对于集体生活的一些规则，如排队、保持安静等，玲玲接受起来有些困难，这就和他们的家庭环境和父母的教育方式有关了。

其实，这样的状况对于成长中的儿童也是危险的，每个孩子都希望有一种自我价值感和归属感，这是他们不断努力和奋进的动力，但周围同伴的隔离使得这些儿童变得离群索居，长此以往，会阻碍孩子交到真心的朋友，也会阻碍儿童良好的人际关系的形成。

现在的孩子，在家里基本过着"一个中心"的生活，这容易养成儿童以自我为中心的行为习惯，所以会给别人留下霸道、自私、任性的印象。

那么，怎样才能引导孩子交到好朋友呢？

1. 多肯定孩子

如果你的孩子已经交上了朋友，父母要及时给予肯定，如对儿童说："真高兴你有了自己的朋友，听说你的朋友很棒，你们应该互相关心，互相帮助。"或者说："听说你交的朋友很出色，我很想见见他，你看可以吗？"

2. 帮孩子找朋友

如果你的孩子还没有朋友，则应积极帮儿童寻找。比如，鼓励儿童与家附近的孩子一起玩，与同事或同学的孩子一起玩。并适时和儿童讨论他们交往的情况，帮助儿童分析并做出选择。

3. 欢迎孩子的朋友到家里来

把儿童的朋友当成自己的朋友一样，采取热情欢迎的态度。当孩子来家里时，父母应该说："我们家来朋友啦，欢迎

欢迎。""真高兴我的孩子有你们这样的朋友,你们能来太好了!"而且要鼓励孩子认真接待,让孩子的朋友感觉到你对他们的支持和赏识。

4.引导孩子和朋友建立良好的交往模式

需要注意的是,对于儿童和朋友的交往,父母也不能听之任之,使孩子陷入不当的交际圈。而是要充分利用他们喜欢交往的心理,因势利导,正确地引导和帮助他们建立纯真的友谊。

父母不能因噎废食,还是要让儿童积极参加各项有益的活动的,但必须得让他们知道哪些朋友是不该交的。如果你对孩子的朋友某个方面很不满意,就应该当着儿童的面严肃地说出来。

友谊是每个孩子童年的重要组成部分。对儿童来说,结交朋友似乎是这个世界上最自然不过的事情。毕竟,他们整天待在学校里,一块儿吃午餐,一起在操场上玩耍。然而有时候孩子也需要爸爸妈妈的一点帮助,把天天见面的熟人变成自己的朋友。由于年龄相近、志趣相投、关系融洽、地位平等,同伴群体能满足儿童游戏、友谊、安全、自尊、认同等方面的需要。父母要让儿童明白,友谊是一笔宝贵的财富,要鼓励孩子在周围的生活圈子中多交善友,这会让你的孩子一生受益无穷!

第02章

■ 重在教养，好性格和好修养打造儿童的好人缘

有人说，一个人最珍贵的品质莫过于一份平和的心态，一份温和的气质，这是好修养的一种表现，作为父母，培养儿童的社交能力，也要给儿童好的教养，这比用服装和打扮来美化他，要具备更高一层的精神境界。一个没有教养的儿童，很难想象他有什么祥和与美好。那么，父母该怎么样培养儿童的良好修养呢？接下来，本章会揭晓答案。

妈妈说要尊重别人
——告诉儿童尊重别人才能获得自尊

这天,午休时间,别的小朋友都睡了,轩轩睡不着,准备去上厕所,他正起身的时候,旁边的小浩也起身,两个人撞在了一起,可能小浩被撞疼了,他斜睨了轩轩一眼,怪声怪气地说:"滚开。"

轩轩瞪大眼睛,气愤地回应:"你!没长眼啊?"

小浩嗓门也很高:"你才没长眼呢!"

轩轩更是扯着嗓子喊:"你眼瞎了啊!"

小浩向前一步嚷:"你才瞎了呢!"

两个人脸红脖子粗,谁也不肯道歉,最终动起手来,小浩冲动地把轩轩打得额头上起了个包,看着受伤的轩轩,小浩后悔不已,吓得不知道该怎么办才好。老师还把他的父母请到学校来了,小浩的爸爸妈妈很通情达理,并没有指责儿子,看着委屈的儿子,他们反倒安慰起来。

"爸妈,我该怎么办呢?帮帮我吧!"

妈妈问小浩:"孩子,你真的知道自己错了吗?以后再发生这样的事情你知道该怎么做吗?"小浩忙不迭地点头。

"那你跟妈妈说说你该怎么做？"妈妈问小浩。

"要注意礼貌，撞到别人要说'对不起'，而不是出口成脏。"小浩对妈妈说，妈妈听完，高兴地点点头。

小浩和轩轩之间由小矛盾最终发展到大打出手，主要就是因为不懂得互相尊重，可见，是否讲文明礼貌直接关系到孩子的人际关系。

要知道，一个要想得到自尊的孩子，就必须先尊重别人，而自尊是自己争取的，不是别人给的，家长要儿童克服他们的以自我为中心和任性、蛮横行为的同时，也要防止矫枉过正，注意在平时的日常生活中对儿童进行正确的引导和鼓励。

的确，我们只有教育儿童学会尊重他人，才能随时避免因坏情绪的产生而给自己和他人带来的烦恼，具体来说，家长可以做到：

1.把尊重别人作为家庭价值观甚至是一种制度来让儿童从小履行

这样，孩子就会把尊重当成一种习惯，即使在遇到困难和折磨时，也不会抛弃这一观念。

家庭价值观是指父母双方都遵从的，并且渗透到家庭日常生活中的价值观念，比如，尊重。家庭价值观对孩子有十分强大的影响力。但是当这些价值观念强加给孩子时，他会拒不接受，而只有家长持之以恒地言传身教，并且不断地鼓励孩子，他们才会接受。

能够对孩子的观念产生最大影响的、最重要的家庭价值观是有关社会价值方面的，这种有关社会的观念关注的是人的价值和人与人之间的关系，那些懂得尊重别人的孩子往往是受了以下家庭价值观的影响：

（1）所有的人都是有价值、有意义的个体，都值得被尊重。

（2）每个人都应该富有协作精神。

（3）尊重别人非常重要。关心别人，为别人做贡献，理解、接受和尊重来自不同家庭和背景的人。

（4）摩擦和冲突是不可避免的，但可以通过友好文明的方式加以解决。

2.尊重和信任儿童，让他们感受来自父母的爱

这就要求家长对孩子的感受表示理解和关心。每个人都有感情，而且有时会感到迷惑或痛苦。要努力理解孩子的感受，而不要由此对他们形成什么判断或者试图改变他们，帮助孩子感觉到自己被接受、被尊重，相信他们能够为今后生活中的困难做好准备。

3.培养儿童从小就知道文明礼貌

文明礼貌是中华民族的优秀传统，是人们在日常人际交往中应当共同遵守的道德准则。在孩子与他人的互相交往中，和悦的语气、亲切的称呼、诚挚的态度等，会使得孩子更加友好、尊重别人，俗话说："良言一句三冬暖，恶语伤人六月寒。"因此，文明的谈吐和行为是孩子具有良好修养的表现，

讲文明礼貌能促进孩子和别人之间的团结友爱，是沟通孩子与他人之间情感的道德桥梁。

4.教会儿童一些初步的礼仪知识

家长应该从小教导孩子学习一些礼仪知识，这也是文明行为，包括见面或分手时打招呼、握手，与人交谈时眼神、体态和表情要体现出对对方的尊重，久而久之，儿童就会认识到如何待人接物了。

总之，培养儿童尊重他人的这一意识，需要父母从日常生活中的细节入手，不要让儿童出言不逊、恶语伤人、失礼不道歉、无理凶三分，更不能骑车撞倒人后扬长而去、乘车争先恐后、在公共汽车上见老人或抱小孩的妇女不让座……，防微杜渐，是培养儿童良好素质和社交能力的重要体现。

原来有那么多需要帮助的人
——助人为乐的儿童更能广结善缘

10岁的小丽，是一名四年级女孩，家庭富裕，她从没体会到生活的艰辛和困苦。一次，母亲在学校的号召下，把小丽送到一个山区的家庭"体验生活"。那家也有个小女孩，叫妞妞。

妞妞家的房子是用泥土和茅草建造的，屋里黑洞洞的，除了一张破旧的桌子，再没有一件像样的东西了；妞妞长得又瘦

又小,个头比自己矮了一大截。为了挣学费,妞妞还要常常去砖窑帮忙挑砖坯。一天只能挣1元2角钱。

看到这些,小丽的心里沉甸甸的。她掏出50元钱放在妞妞妈妈的手里,真诚地说:"阿姨,以后我会帮助妞妞的。"

回来以后,小丽像变了一个人。她不再吵着要妈妈买新衣服了,也不再挑食和吃零食了。整整一个暑假,她都没有吃一根冰棍,用省下来的300元钱买了文具、衣服,寄给了妞妞。

上面事迹中的小丽是个满怀爱心的人,能够随时发现别人的困难,并且能把帮助别人解决困难当作自己的责任。能够在生活中遇到这样的人,是一种幸福,而她这种品质的获得正是父母有心教育的结果。家长要知道,我们教育儿童,不是让儿童享受物质生活,而是要培养他们的精神文化品质。因此,适当的生存体验还是需要的,让儿童明白世界上还有许多不幸的人需要帮助,这有利于儿童正确人格和品质的形成,更利于培养他们良好的社交能力,要知道,在未来社会,得道多助,失道寡助,儿童乐于助人,才能交到更多的朋友,获得良好的人际关系。

事实上,儿童通常比成人更有爱心,作为父母,我们要维护并发扬儿童纯洁的爱心、善心、良心,这是使儿童任何时候面对任何人都能堂堂正正的根本,其中,助人为乐的精神也是父母应该培养儿童所拥有的,是需要父母一份恰当的爱哺育出来的。

"助人为乐"这四个字，蕴含着人世间至真至诚至美的奇妙含义。助人为乐的儿童，由于使对方的困难得以解决，使别人的不便变为方便，可以从帮助别人的过程中发现自己的生存价值，儿童自身就会有一种成功的体验，正如歌德所说："你若要喜爱你的价值，你就得给人创造价值。"

我们深知，养育一个孩子很简单，但养育一个具有良好品质的孩子却是最困难的工作之一，像诚实、善良、仁爱和奉献这样的理念对于成长中的儿童而言是模糊而难于掌握的，特别是儿童可能会从学校的同学、朋友以及媒体那里得到相互矛盾、抵触的信息。那么，在这种极富有难度的情况下，父母应该怎样培育出一个助人为乐的孩子呢？

第一，当儿童还小的时候，给儿童进行善恶对错的教育，让孩子形成正确的价值观。"种瓜得瓜，种豆得豆。"从小在孩子心灵这片土地上，播下"助人为乐"的种子，长大后，他们就会像美丽的天使一样关心别人的疾苦，多为别人办好事，体验到完美人生的快乐；如果种下"自私自利"的种子，孩子长大后只会关心鼻子尖底下的丁点儿小事，怎么能有所作为，又怎么能获得快乐呢？

第二，让儿童经常参加一些慈善活动或者助人的社会实践活动，让儿童感知别人的疾苦。例如，让儿童为慈善组织义务劳动，或者打扫附近的公园，这类活动都能教会孩子助人为乐。

第三，父母要参与到助人为乐的活动中来，给你的孩子树

立一个榜样。

在生活中，父母的行动是儿童的一面镜子。父母以身作则，为儿童做出榜样，孩子耳濡目染，日久天长也会养成自己的行为习惯。如邻里之间互相关照；帮助孤寡老人的生活；心系灾区灾民，为灾区捐款捐物；单位同事遇到困难时给予帮助和关照；哪怕在公共汽车上给需要的人让个座，这种教育的作用是潜移默化的，将会收到润物细无声的效果。

"我的两个女儿，一个7岁，一个12岁，为了教她们懂得和不幸的人分享，我在厨房里放了一个大篮子来提醒她们，我们在里面放满容易保存的各种食物，然后捐献给镇上的紧急救助中心。每次我和孩子们去购物，我们都会额外买些东西好放进篮子里，等篮子装满的时候，我就和孩子们把一篮子的食物送到紧急救助中心。然后，我们再重新开始为篮子里添食物。"

孩子爱帮助人，爱做好事，这是人类善良的本性所致，应当弘扬。但是现实生活中，由于很多父母对人生的误解，他们所表现出的自私心理和功利主义，对成长中的儿童极易造成不良的影响。

助人为乐是一个人思想境界的行为体现，是一种精神的升华，有名言说得好：关心他人，竭尽全力去帮助别人，会使人变得慷慨；关心别人的痛苦和不幸，设法去帮助别人减轻或消除痛苦和不幸，会使人变得高尚；时常为他人着想，会丰富自己的生活，增加自己的涵养。做父母的不仅承担着教育儿童成就学业的

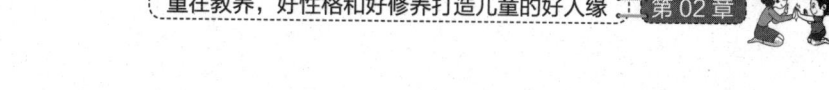

责任，还担负着传承中华文明培养健全人格的重任，教育和帮助儿童助人为乐，每一个家庭都担负着义不容辞的责任！

我不和别人计较
——引导儿童开阔心胸，心胸狭窄的孩子不讨喜

古今成大事者，不但要有大志，一定也拥有宽广的胸怀。胸怀是人格的具体体现，具有宽广胸怀的人，能成为人格高尚的人，也势必是受人欢迎的人，而这正是家庭教育的目的之一。

然而，我们发现，生活中，一些儿童心胸狭窄，他们在生活中因为一些小事就和同学、玩伴甚至是父母怒目相向、大发脾气，或者斤斤计较、得理不饶人，这些对于儿童的成长都是极为不利的。我们家长在教育孩子的时候，精神上的养育绝不能少，这样教育出的孩子才能不畏恶劣的生存环境和残酷的社会竞争，依然能够傲然挺立，也能以坦然的心态面对竞争和竞争对手，拥有比天空还宽广的胸怀，创造出一方属于自己的天空。

其实，家长可以采取一些辅助教育方式，避免儿童狭窄心胸的形成，有以下三个方面可以尝试：

1.父母调整心态，待人接物大方宽容，给孩子做好榜样

家长是孩子的第一任老师，父母如何待人接物、心胸是否

宽广，直接影响到孩子，父母平时要待人要和蔼，一些针尖大的事情，没必要斤斤计较，更不要发火和出口伤人，因为父母的一言一行都映射在孩子幼小的心灵上。

"我们经常教育孩子心胸要宽广，要宽以待人，对待他人要热情等。我们不但教育孩子这样做，我和他爸爸也是这样身体力行的，不然没办法给孩子做榜样。

"一次，楼上装修，卫生间防水没有做好，我发现家里卫生间居然滴水，我只是上楼好心地提醒了下邻居，也没有生气，后来，邻居为了道歉，还非要请我们吃饭，现在我们成了很好的朋友。

"还有一次，我在送孩子上学的路上，被一辆自行车刮了一下，手很痛，骑车人不断地说对不起，我看着有些红肿的手背，只告诉骑车人要注意安全，就让他走了。孩子问我：'妈妈，你怎么让他走了？万一你的手骨折了怎么办？'我笑着对孩子说：'没关系，妈妈的手不会骨折。一会儿就会好的。叔叔也不是故意的。他已经道歉了。'"

2.带儿童多出去走走，开阔儿童眼界

这是一位妈妈的教育心得：

"我们经常利用各种节假日，带孩子出去旅行，确实收获颇多，尤其是孩子现在大些了，我们出去旅游的机会就更多了，我们去了内蒙古、海南、云南等好多地方，其实，我们并没有刻意地去教育孩子要有宽广的心胸等，但是，孩子却在这一次次的旅行中，增长了知识，开阔了眼界，更令我们高兴的是，孩子在一次次的经历中，拥有了宽广的胸怀，很少会再因为哪个同学比自己优秀而烦恼了。"

3.在亲子阅读中培养儿童宽广的胸怀

古人云，读书使人明智，在书籍中，有很多名人故事阐述的都是教我们做人要心胸宽广的道理，引导儿童阅读这些书籍，远比我们家长的说教要好得多。

"我女儿从刚识字开始就喜欢阅读，她经常光着脚坐在地板上翻着书。

"孩子最喜欢看故事书。一次，孩子在读到《将相和》时问我：'妈妈，如果是我，我可不会背着荆条去认罪。'我知道孩子说的是廉颇负荆请罪的事情。我告诉她，因为廉颇负荆请罪，知错就改，而蔺相如心胸宽广，以大局为重，二人携手，秦国才不敢侵犯赵国。还有一次，孩子读到韩信后来当了元帅，竟然宽恕那几个当年侮辱他的人的时候，不解地说：'这么欺负人，怎么还饶了他们呢？'我问孩子：'你想不想以后做出一番事业呢？要成就大事，必须要有一个宽广的胸怀。'"

我们做父母的可以从这位母亲的教育中获得一些启示，还可以从生活中的一些现象出发，告诉儿童怎样才能拥有一个宽广的胸怀，如不要斤斤计较那些鸡毛蒜皮的小事情，要欣赏他人的优点，不要嫉妒；把"海纳百川，有容乃大"这样一条格言贴在孩子的桌子上，作为孩子的座右铭，让他自我勉励等。

总之，作为父母，我们要让孩子明白靠自己的双手争取成功，但真正成功的人一定是个心胸宽广的人，斤斤计较、心胸狭窄、嫉贤妒能的人，最终与成功无缘。因此，家长一定要注意儿童的品质培养，千万别让孩子原本豁达、宽广的胸怀被搁浅甚至被埋葬！

我要做个善解人意的儿童
——引导儿童学会换位思考，儿童才更有同理心

有位妈妈是这样教育自己的孩子的：

"有一次，朋友给我的儿子买了一顶帽子。儿子一戴，抱怨帽子小，戴着还觉得头皮发痒，一脸的不高兴，更没有主动表示感谢之意，弄得我很生气，朋友也一脸尴尬。等朋友走后，我就问儿子：'如果你买了一个礼物送给别人，结果人家看到你送的东西一脸的不高兴，你心里会怎样想？如果对方高高兴兴地接受，并大大方方地谢谢你，你是不是会很愉快呀？'儿子知道自己做得不对了，当天就打电话给送礼物的阿姨表示感谢，并为自己的失礼道歉。后来，儿子渐渐学会换位思考，没有我们的指点，他也能独立地面对别人的好意而主动说出感谢、感激的话了。"

看完这个案例，不得不说，这位妈妈是教育的有心人，可

能不少父母也都会感叹，如果我的孩子也懂得换位思考、懂得理解别人就好了。

不得不说，现实生活中，不少儿童与周围的一些人发生矛盾，都是因为不懂得换位思考。每个儿童在成长的过程中，独立意识都在不断增强，我们若希望儿童成为一个贴心、善解人意的人，就要对他们进行引导。

现代社会，很多孩子都是独生子女，生活条件优越、长辈宠爱，都是以自我为中心，很少会为人考虑。儿童自我中心的形成往往与不恰当的教养方式有关。为了让儿童健康地成长，每位家长都有责任在孩子的心灵中播撒一颗爱的种子，只有当这粒种子在儿童的心灵中生根发芽时，他的心中才能装得下别人。

儿童以自我为中心是有一定的发展阶段的，这个阶段需要家长的及时引导，不然就会养育出一个自私自利的孩子。

自我中心是儿童早期自我意识发展的一个必然阶段。新生儿处于蒙昧未开的状态，没有客我之分，他们吮吸自己的手跟吮吸其他东西没什么两样。到了两三岁，儿童的自我意识开始萌芽，开始把自己从他人和外界事物中区分开来。学着使用"我要""我有"和"我的"等带有第一人称的代名词。此时，自我意识发展到自我中心阶段。在此阶段，儿童以自我为中心观察世界，认为周围的人和事物都跟自己密切相关。他们往往从自我角度来进行行为选择和活动设计，而不考虑他人。

随着儿童交往活动的增加，儿童逐渐有了他人意识，进而逐渐认识自我和他人的关系。到了四五岁，儿童不仅能够知道自己的行为会给自己带来什么好处，还能够进一步理解到自己的行为会给周围人带来什么好处。此时，我们可以看到儿童愿意为了集体活动的成功而付出努力。

可以说，自我中心人人都有，只是程度和发展速度上存在着个体差异。如果自我中心倾向过于严重，甚至到了六七岁还停滞在自我中心阶段，这就成了问题，是高级心理机能发展不充分的结果。这类儿童往往把注意力过分集中在自己的需求和利益上，不能采纳他人意见。对于与他认识不一致的信息，决然不能接受。因为他不懂得，除了自己的观点之外，还可以有别人的观点；在他看来，别人的心理活动和自己的是完全一样的。

由于儿童年龄小，具有可塑性，才容易把感恩的种子埋在心田，并不断开花结果。这个过程少不了父母的引导、指点。那么，父母该怎样引导年幼的儿童克服自我中心的心理呢？这就需要教导儿童学会换位思考。

1.让儿童清楚自己的份额

从孩子三四岁起，就要让儿童开始认识到自己在家庭中的位置。比如，有了好吃的，不要只留给他一个人吃，可以根据家里的人数分成几份，让他知道自己的食物只是其中的一份，而不是全部，懂得与人分享的概念。如果爸爸妈妈舍不得吃，可以留给孩子，但是要让孩子知道这种"优待"之中有父母的自我克制和爱，并不是理所当然。

2.不要溺爱儿童

儿童吃独食，不愿与他人分享，是与父母的溺爱密切相关的。很多父母出于对孩子的爱，把好吃的好玩的全让给孩子，孩子偶尔想同父母分享，父母在感动之余却常说："我们不吃，你自己吃吧。"长此以往就强化了孩子的独享意识，他们理所当然地把好吃的、好玩的据为己有。

3.让儿童多替别人想想

儿童之所以会自我中心，因为他不知道自己的行为会给别人带来什么样的负面影响，可以引导儿童站在他人的角度思考问题，从不同的视角思考自己的做法是否恰当。

4.让儿童学会分享

在许多人眼里，帮助他人，意味着付出，意味着对自我的克制，其实更多的人还在助人的过程中发现了快乐，帮儿童体会与人分享带来的快乐，他会更愿意与人分享并帮助他人。应尽量避免给儿童树立负面的榜样。

5.换位思考也需要妈妈转变观念，多从儿童的角度考虑问题

苏霍姆林斯基讲过这样一个故事：

他小时候住在一间杂货铺附近，每天都能看到大人把某种东西交给杂货店老板，然后换回自己需要的物品。有一天，他想出一个坏主意，将一把石子递给老板"换"糖，杂货店老板迟疑片刻后收下了石子，然后把糖换给了他。苏霍姆林斯基说："这个老人的善良和对儿童的理解影响了我终身。"

这位杂货店老板不是教育家,但他拥有教育者的智慧:他没有用成人的逻辑去分析孩子的行为,而是从孩子的角度,用宽容维护了一个儿童的尊严。这对父母有一定的启示:教育儿童要学会理解,重在引导,体验他们的感受,才能对症下药。

古语说:"儿行千里母担忧。"孩子是父母生命的延续和希望,是父母心中永远的牵挂。父母都期盼自己的孩子能健康地成长,要想实现这一目标,家庭教育是不可或缺的。有一个比喻说得好:孩子就像风筝,父母就是放风筝的人,孩子飞多高多远,就看怎么放手中的线。如果每个儿童都能学会换位思考,学会将心比心,那么生活中一定会多份理解、和谐、幸福!他们也会因此而拥有一颗感恩的心,那么将来在工作中也一定能把方便留给别人,把困难留给自己,从而获得更好的人际关系,这样的人际关系一定会更融洽,工作氛围也会更轻松!

我与小伙伴吵架了怎么办
——教儿童正确应对朋友之间的冲突

家庭教育中,我们有个重要的教育目标就是培养儿童的好性格与修养,这样的儿童才能拥有好人缘。而随着儿童的成长,他们的人际交往范围逐步扩大,人际关系中的矛盾,会使他们产生"困惑""曲解"或"冷漠"等消极心理，并导致他们产生认识偏差、情绪偏差，进而做出不适应、不理智甚至极端的行为反应。因此，在儿童与人发生矛盾时，家长要加强教育，指导儿童学会处理各种人际关系中的矛盾，我们要帮助他从那种被排斥的感觉中逐渐成长，因为每一个人独特的与别人相处的方式，都是要经过一番努力才能获得的。

当儿童开始有了自立、独立的能力后，有了与人交往的能力后，让他和同学、朋友一起玩，逐步提高谦让、忍耐、协作的能力。因为儿童总和父母与家人相处在一起，备受宠爱，培养不了这方面的能力，以后进入社会就不能很好地和同事相处。而教会儿童融洽地与人相处，你的孩子就可以利用人际关系登上成功的宝座！

晨晨、豆豆和东东是最好的朋友，但偶尔也会闹一些小矛盾，尤其是豆豆和东东之间。豆豆是一个内向的男孩，而东东大大咧咧、口无遮拦，有时候，因为一件小事，两人就会展开"战争"。

一天，大清早的，晨晨还在睡觉，豆豆气呼呼地跑来，对晨晨说："东东怎么能这样，我怎么交了这样的朋友？"

"怎么了，发生什么事情让你发这么大的脾气？"

"昨天我们说好今天去王奶奶家看她养的小猫，今天一早我打电话给他，他在卫生间，电话是他妈妈接的，他说好一会儿就出门的，结果我在他家楼下等了半天，也没看见他出来，于是，我就去他家找他，他却在家看电视，我问他为什么要我，他说他根本不知道我找他的事，我一生气，就骂了他，你说，他这人怎么这样？"

很明显，这两个男孩之间的冲突来自一个小误会，只要找机会沟通，就能解释清楚。

的确，对于成长期的儿童来说，他们都需要交朋友，尤其是当今独生子女家庭，朋友让儿童更懂得爱，也让儿童的人生路走得更平坦，因为有朋友的陪伴，儿童可以有一个更灿烂的未来！但如果和朋友发生冲突，又该如何解决呢？

1.告诉儿童要大度、宽容

我们要让儿童明白，朋友之间，难免个性不同，生活习惯不同，要学会彼此尊重和包容。人都是重情谊的，你帮他，他也会帮你，互相帮助中，友谊更加深厚。在深厚友谊的基础上，彼此给对方提一些意见是很容易接受的。不是什么原则上的大错误，不要斤斤计较，多包容。

2.要让儿童懂得反省自己

你要告诉儿童一个道理，如果你的朋友中，个别对你有意见，可能是对方的问题，但如果你被大家孤立或者被众人排挤的话，估计就是你的问题了，此时，你要做的就是反省自己，看看自己哪里不对，你试想一下，你是不是太"自我中心"了——凡事很少为别人着想，自己想怎样就怎样或对朋友不怎么关心等。

3.教导儿童懂得控制自己的情绪

孩子毕竟是孩子，很容易情绪化，我们父母要帮助儿童学会控制自己的情绪和脾气，要告诉儿童："当你被激怒时，或者当你觉得自己血往上涌，只想拍桌子的时候，千万要转移注意力，或者数数，或者离开那个环境，当你学会控制情绪时，你就长大了。"

4.帮助儿童正确看待每个人的长处和不足

人无完人，金无足赤。我们可以告诉儿童："如果你发现你的朋友在外面彬彬有礼而跟你在一起有点粗鲁，可能正说明他真的把你朋友，不能因为谁有某种不足就讨厌他，只要这个缺点不是品质上的，不是道德问题的话。大家能够走到一起，本身就是一种缘。"

5.让儿童多帮助别人和关心别人

我们要告诉儿童经常帮助别人的人,自己也会得到别人的帮助。"比如同学肚子疼了,给她灌一个热水袋,倒点热水;同学哭了,送她一块纸巾,拍拍她的肩膀,不用说话就能把关心传递过去,这都会让你和朋友们的感情升温。"

第03章

礼多人不怪，讲文明、懂礼貌是儿童社交的通行证

美国著名作家托马斯·卡莱尔曾说："礼貌比法律更强有力。"哈佛大学前任校长伊立特说过："在造就一个有教养的人的教育中，有一种训练是必不可少的，那就是优美而文雅的谈吐。"由此可见，谈吐在社会生活中的重要性。语言是思想的衣裳，中国素来是礼仪之邦，人们都喜欢与那些谈吐优雅的人来往，而对那些不知礼貌的人敬而远之。因此，在儿童成长的过程中，我们也要引导儿童多注意修饰自己的谈吐，如此才能培养出彬彬有礼的好孩子，这样的孩子，也更受人欢迎。

大家都喜欢彬彬有礼的孩子
——从小培养儿童优雅的谈吐

作为父母,我们都知道,我们给予孩子的,不仅仅是生命,还有人格力量、品质、修养等部分。一个出色的孩子,与良好的家庭教育是分不开的,正如塞德兹说过:"人如同瓷器一样,小时候形成一生的雏形,幼儿时期就好比制造瓷器的黏土,给予什么样的教育就会形成什么样的雏形。"每个成长期的儿童,都希望被周围的人喜欢,要想做到这一点,儿童就必须拥有优雅的谈吐。

一个谈吐优雅的儿童,能做到待人接物彬彬有礼、不卑不亢;餐桌上行为得体;不和父母顶嘴,不打断别人说话;随时随地体贴照顾他人,尊敬和关心他人;把"请"和"谢谢"挂在嘴边,总之,已经踏入社会的父母更要深深明白,举止优雅将会为儿童带来无穷的魅力。但在现实生活中,由于家庭教育中修养教育的缺乏,很多儿童没有形成一种很好的谈吐习惯,这让很多父母很是头疼。

一位母亲道出了自己的忧愁:"人家小姑娘穿得干干净净的,说话甜甜的,很讨人喜欢,但我女儿就是个'皮大王',

说话大喊大叫，把玩具弄得'身首异处'，喜欢和男孩子在一起疯，小裙子上总是脏兮兮的，我怎样才能培养出一个谈吐优雅的小淑女呢？"

孩子谈吐毫无顾忌，处处淘气，这的确是让父母感到头疼的一件事情。这时，如果父母顺其自然，那儿童势必会在行为举止上缺乏教养；而如果父母严加管束，又极有可能会扼杀孩子的天性。

那么，身为父母，我们究竟应当怎样去约束儿童不当的说话方式，一点一滴地培养起孩子优雅的谈吐呢？

第一，从自己做起变得优雅。作为父母，应该树立一个有修养、谈吐优雅的形象来给儿童起到示范作用。孩子是父母一面镜子，所以，培养儿童优雅的谈吐，更需要父母言传身教。

一位妈妈这样写道："别以为小孩什么事情都不懂，她可都看在眼里呢，有一次她冲我发脾气，我就说她：'小姑娘不可以这么大声说话。'结果就听到她小声嘟囔：'妈妈和爸爸不开心的时候也这么大声说话的。'听到女儿这么说，从那以后，我尽量克制自己的急性子，暗自发誓要给她树立一个优雅妈妈的好榜样。"

无数事实证明，父母的一言一行对儿童的影响是巨大的，如果父母说话大嗓门，那孩子讲话也必然不能细声细语；父母说话无所顾忌，孩子自然也会大大咧咧……所以要想培养出儿童优雅的谈吐，父母先需要提升自己的语言修养。

第二，告诉儿童谈吐优雅的标准。在日常生活中，父母们不妨参照以下标准，对儿童提出合理正确的要求：

（1）父母要教育儿童，与人谈话的时候，要表现出对他人的尊重、理解和善意，要面带自然的微笑，千万不要出现随便剔牙、掏耳、挖鼻、搔痒、抠脚等不良习惯动作。

（2）在言谈措辞上，父母要让儿童养成使用文明礼貌用语的好习惯，如经常说"您好""谢谢""请""对不起""没关系"等。父母还应告诉儿童，沉默寡言、啰嗦、重复都是不正确的语言表达方式。需要注意的是，父母向儿童讲解优雅举止的标准时，不要用教训命令的口吻，而是要循循善诱、谆谆教导。当谈吐优雅成为儿童一种不自觉的习惯时，孩子卓尔不凡的气质也就形成了。

第三，父母要多提示和表扬儿童。儿童一些错误的语言往往出于简单模仿而不是有意冒犯。如果父母此时严厉斥责，制定规矩，往往会使儿童产生反感和抵触情绪。因此，想让儿童变得谈吐优雅，最好的方式就是提示和表扬。

比如，父母可以制定一些家庭内部的基本原则，来引导孩子谈吐文雅。比如，如果你想说"你这个没教养的孩子，吃饭时不能大声说话！"可以换成这样说："我们家的规矩是吃饭时不能大声说话。"这样儿童比较容易接受，因为你是在说一种制度、一种行为，而不是在批评他。

谈吐优雅是一个儿童有修养和气质的重要表现，谈吐好的儿童，能由内而外散发出一种馨香，父母如果在儿童还小的时候就注重对其谈吐的培养，那么儿童长大成人之后，势必会成为一位彬彬有礼的年轻人！

礼多人不怪
——教会儿童说些"礼貌"用语

我们在日常生活中，需要为儿童立规矩，尤其在语言习惯上，要让儿童学会掌握一些礼貌用语，而礼貌用语要文明雅致、措词恳切、热情真挚、口气和蔼、面带微笑，主要有以下几个方面：

1.欢迎语

欢迎语是接待来访客人时必不可少的礼貌语，如"欢迎您""欢迎各位光临""见到您很高兴"等。

2.征询语

征询语是指在交往中，尤其是在接待的过程中，应经常地、恰当地使用诸如"我能为您做什么？""请问，您找谁？""请问您需要什么帮忙吗？"等征询性的语言，这样会使他人或被接待者感觉受到尊重。

3.请托语

请托语顾名思义，就是我们向他人提出某种请求或者希望获得他人帮助时使用的语言。对此，我们一定要"请"字当先，而且态度语气要诚恳，不要低声下气，更不要趾高气扬。常用的请托语有"劳驾""借光""有劳您""让您费心了"等。

4.赞美语

赞美语是指向他人表示称赞时使用的用语。常用的赞美语有"很好""不错""太棒了""真了不起""真漂亮"等。在交往中，我们要细心观察，善于发现他人的优点和长处，并加以赞美，这样做的好处是，不仅能拉近彼此间的距离，还能体现我们的友好，有利于获得他人的好感。

当然，面对他人的赞美，也应做出积极、恰当的反应，如"谢谢您的鼓励""多亏了你""您过奖了""你也不错嘛"等。

5.致歉语

在日常交往中，人们有时难免会因为某种原因影响或打扰了别人，尤其当自己失礼、失约、失陪、失手时，都应及时、主动、真心地向对方表示歉意。常用的致歉语有"对不起""请原谅""很抱歉""失礼了""不好意思，让您久等了"等。当你不好意思当面致歉时，还可以通过电话、手机短信等其他方式来表达。

6.拒绝语

拒绝语是指当我们在面对别人请求，但不得不拒绝时，采用婉转的词语加以暗示，使对方意会的语言。在人际交往中，当对方提出问题或要求，不好向对方回答"行"或"不行"时，可以用一些推脱的语言来拒绝。例如，当别人求助我们做一件事，而我们能力有限，无法办到时，你就可以这样拒绝："很抱歉，我很想帮你，但是……"

7.告别语

告别语可能显得有点客套，但却不失礼仪。与人告别时神情应友善温和，语言要有分寸，具有委婉谦恭的特点，如"再次感谢您的光临，欢迎您再来！""非常高兴认识你，希望以后多联系。""十分感谢，咱们后会有期。"等。

俗话说，一句话能把人说跳，一句话也能把人说笑。作为父母，我们要明白，让儿童学会得体地说"礼貌话"，是帮助儿童接通情感的热线、使交际畅通无阻的重要前提。

见到熟人要礼貌称呼和问好
——让儿童学会恰当地称呼他人

在中国的古老传统礼仪中，就有一点：熟人见面，一定要打招呼，否则则为无礼的表现。在交谈中，无论是新老朋友，一见面就得称呼对方。每个人都希望得到他人的尊重，在家庭教育中，我们培养儿童的社交能力，也要告诉他，遇见熟人打个招呼，这能透露出你自身的一种修养，也反映了你对对方的一种尊重。恰当地称呼对方，会给对方留下良好的印象，而不恰当的称呼，不利于你在对方心中的形象，同时不利于你与对方之间的交流的顺利进行。

然而，在生活中，我们经常可以发现一些儿童，不谙世事，在生活中常常对父母长辈呼来喝去："快把书包给我……""我的外套呢？"对其他人也是缺乏礼貌，比如称呼他人为"老头""喂"，或者直截了当地表明自己的想法，这些都是无礼的表现，但儿童若使用恰到好处的尊称："老师，您好，打扰您了……""妈妈，麻烦您帮我找一下外套"对方就比较舒服。可见，称呼有道，才会让对方听着顺耳。

其实，家庭教育中，正确使用称呼是对每个儿童最起码的要求，也是人与人之间相互尊重的一种表现。作为父母，我们在对儿童进行社交能力的培养中，也要告诉孩子懂得恰当地称呼他人。我们先来看下面一个故事：

从前，有个赶路的青年行至某荒凉处，眼看马上就要天黑了，青年还没找到住宿的地方，很是着急。正好，有个老汉路过，青年人扬声喊道："老头儿，这儿离客店还有多远啊？"老汉回答："五里。"青年人跑了十几里路都没有见到客店的影子，他在暗暗骂着那老汉时，却突然省悟：哪是"五里"呀，分明是"无礼"！老汉在责怪他不讲礼貌！于是马上掉头往回赶，见着那老汉就翻身下马，叫了声"大爷"，没等他说完，老汉就说："客店早已过了，你要不嫌弃的话，就到我家住一宿吧。"

青年人问路，直呼"老头儿"，开口不逊，老人很反感，让他白跑了十几里路；而当他省悟有"礼"时，老人不等他再说，就留他住宿，解他一时之困。由此可见交往中合乎礼仪的称呼的重要性。

在人际交往中，选择正确、适当的称呼，反映着自身的教养、对对方尊敬的程度，甚至还体现着双方关系发展所达到的程度和社会的风尚，因此对它不能疏忽大意，随便乱用。

作为父母，我们要从以下几个方面让儿童掌握有关称呼的基本礼仪：

1.要合乎常规

常规称呼，即人们平时约定俗成的较为规范的称呼。但合乎常规的称呼，也是有一定的条件限制的。比如，在中国，就不可直呼父母或者长辈的名字；而在国外孩子直呼其父母的名字是很正常的。

我们要告诉孩子：要礼貌地称呼他人，对年长者要称爷爷、奶奶、叔叔、阿姨等，对同龄人中的年长者要称呼哥哥、姐姐，相反则是弟弟、妹妹，如果称呼错了，应及时向对方表示歉意并改正。

2.要照顾被称呼者的个人习惯

人和人是不一样的，有的时候人们称呼上的习惯也不一样。要想让对方舒服，就要了解其个人习惯，用对方喜欢的方式与其交往。

3. 要入乡随俗

我们在使用称呼的时候，还要考虑入乡随俗的问题。十里不同风，百里不同俗，千里不同情。倘若习俗不一样，称呼往往不大一样。

4. 要区分具体场合

在称呼的具体使用过程中，一定要区分场合。在不同的场合，应该采用不同的称呼。比如，孩子的爸爸同时也是其老师那在家中，孩子可以称呼"爸爸"，在学校，就要称呼"老师"以示场合有别、身份有别。称呼，实际上是表示身份有别的一种常规做法。

5. 不要给其他同学起绰号

朋友或同学之间可以称呼姓名或者称呼"名"，这样会显得有礼又亲切。"喂""嘿"这样的称呼常常会让人反感，更不能用"绰号"和"外号"代替称呼，这样会影响朋友感情和同学关系。

6. 告诉孩子称呼他人要态度亲切

我们要在生活中根据时间、节庆、场合等，引导孩子适当选用称呼加问候的形式向父母、长辈致意。比如早起时说"爸爸妈妈，早上好！"新年遇到邻居时说"叔叔阿姨，新年好！"态度要亲切诚恳，称呼时声音不要太响、太生硬。

在称呼他人的时候，以上四条规则都很重要：遵守常规，区分场合，入乡随俗，尊重习惯。所有这一切，都是建立于尊重被称呼者的基础上的。

总之，在日常生活中，我们父母要让儿童明白，在称呼他人时应当亲切、自然、准确、合理，不可肆意为之，大而化之。

小朋友给我好吃的，我要说"谢谢"
——常说"谢谢"的儿童更可爱

生活中，我们父母，也包括老师会对成长中的儿童教导——做人要懂得感恩，的确，在人生路上，我们所有人，也包括孩子们，无时无刻不在接受他人的帮助，接受他人的恩惠。事实上，作为儿童，他们需要别人帮助的时候就更多。为此，我们要引导儿童学会心怀感恩，且要表达出来，比如，你要告诉儿童："别的小朋友给你好吃的、玩具，你都要说'谢谢'，这是一种礼貌。"表面上看，这只是一个简单的口头词汇，但从心理学的角度看，人们对那些彬彬有礼、懂得感恩的孩子更有好感，也更愿意与他们打交道。

"谢谢"是字典里最富有魅力的词汇。人世间很多词语会在出口的瞬间引发争端和祸乱，然而"谢谢"不会。这个魔力非常的词语表述了说话人此刻千头万绪、杂乱难理的心情。有的孩人认为"大恩不言谢",不愿意说"谢谢",他们认为对方和自己的关系实在是太不一般,说了"谢谢"似乎就是玷污了这段感情,"谢谢"只是适用于陌生人之间。其实事实并不是这样。多么铁的关系也需要用心去维护,用爱去打理。所有人都希望自己的努力换来的是感恩和回报,没有人愿意和一个不懂得感激别人的人生活在一起。

"谢谢"一词如此简单,简单到被很多父母和儿童忽略的程度。从而导致他们在与人相处中错失了很多段的好情谊。虽然对别人表达感激之情不是什么难事儿,但却是现代礼仪的重要内容,为此,我们在引导儿童表达感谢时,不妨注意以下几点:

1.真诚表达

谁也不喜欢听到毫无诚意的感谢,甚至还会厌恶。我们要告诉孩子,无论什么时候都请记住:道谢不是一个表面工程,它需要你从内心深处去感激。真心实意地去表达感谢才会令对方感动、欣慰,才能使你们的友谊地久天长。

2.眼神专注

要想真正用感谢的话打动对方,你还需要在说"谢谢"的时候注视着对方的眼睛。其实不止是道谢,说任何话的时候都应该注视着对方的眼睛,眼睛是心灵的窗户,注视着他的眼睛才能和他有心灵上的交汇和沟通,让对方深深地感到你对他的谢意,同是发自内心深处的声音,真实不造作。

3.表达要自然，而且要称呼着对方的名字说"谢谢"

我们要引导儿童明白，既然是来表示感谢，说话语言就一定要大方得体、诚恳坦率，不要扭扭捏捏一副羞涩的样子。如果你说"谢谢"的时候态度不大方，很容易引起对方误会：这到底是感谢我来了，还是讽刺我来了？明明很好的一件事情被态度搞砸了。另外，感谢时一定要称呼对方的名字。这点大家可能都没怎么注意过，如果有人说"谢谢你"和"谢谢你，小张"，你会觉得哪句好一些呢？显然是第二句更具有亲和力吧。称呼对方的名字能让对方全身心地感觉到你是在感谢他而不是别人，因此也能唤起对方心灵深处那种自豪感，在你记住他的同时，他也记住了你，这就是一个人脉资源规划的良好开端。

4.表示回报的感谢要有具体环境做依托

我们要告诉儿童，小伙伴跟你分享了吃的和玩具，或者帮了你一个忙，同学为你做了一件事，这些都是值得你感激并且要及时表示感谢的地方。既然受人恩惠，当然要记得回报，尽管对方并不是冲着要你报答才来帮助你的，但话说"投我以木桃，报之以琼瑶"，知恩图报是最上乘的美德。

另外，还要告诉儿童，当朋友或小伙伴需要你的帮助而羞于开口时，你一定要积极主动地帮忙，就像他们帮你时那样。此时为了维护他们的自尊，你完全可以不说透："这道题刚好我上次做过，不然也帮不上什么忙……"或者"上次的事情多亏了你，否则我都不知道该怎么办才好。"总之，感谢一定要言之有物，握着对方的手一个劲儿地说"谢谢"，会把对方弄得一头雾水，而且达不到感谢的目的。

事实上，会说"谢谢"的人通常会给人一种正直、大方的感觉，相信当对方听到你的道谢时，心里都是很喜悦的，因为他们不仅受到了赞美，更重要的是自身的价值得到了肯定，自身的修养得到了升华。对于儿童来说，常说谢谢是一种礼貌，是儿童修炼社交能力的第一步，所以我们要引导儿童把心中的感激表达出来！只有把"谢谢"诉诸于语言，才会让对方知晓，也才会让儿童拉近与他人之间的距离。

放学了，我要排队离开教室
——告诉儿童要养成自觉排队的好习惯

作为成人，我们父母都知道，我们都是社会和集体下的个人，我们要经常出入公共场所，因此就需要遵守公共场合的礼仪，其中如果参与人员过多，难免需要排队，大家都自觉按照秩序排队，对所有人才会公平、公正，人与人之间才能和谐相处。对于儿童来说，学会排队等待，是一种讲文明、懂礼貌的体现。

教育心理学家指出，在孩子幼年时期，趁早对孩子进行行为习惯上的引导和培养，这对孩子的一生都有重要影响。因为幼儿教育是启蒙教育，也是人类奠基的教育，作为父母，教育儿童需要智慧和耐心，我们要为儿童制定合理的内容和教育方式，要鼓励年幼的儿童树立自信、养成好的行为习惯，要让儿童持之以恒，还要给他们起榜样、示范的作用，利用多种机会对他们进行教育，培养他们良好的习惯。

而在儿童的多种习惯中，就有一种——自觉排队，我们来看下面这位妈妈的教育心得：

我的女儿甜甜今年刚上小学，已经能自己购物、自己回家了，不过这周五，我还是决定去接她。

我站在女儿所在班级后门口，看到女儿和其他小朋友推推操操,然后插到别人前面,再从门口钻出来,看到我站在后门口,女儿还自鸣得意地说:"怎么样,妈妈,我厉害吧?"此时,我赶紧告诉女儿,这样是极其不礼貌的,而且这样的一种方式也是特别不安全的。在拥挤的过程中会挤伤自己也会挤伤别人。

女儿听了我的话之后,羞愧地低下了头。

回家后,我想针对这个问题好好和女儿谈谈,我告诉她,我们都是文明社会的人,不管做什么事,都要遵守秩序,无论是购物还是买票、上车,都要排队,一味地插队,是没素质的表现,而且也很危险。

如果我们按照顺序、一个一个来,反而非常轻松而且安全。我还告诉她,在学校里面也需要排队,无论是上课铃响了需要进教室还是上卫生间,都要排队,女儿听我阐述了很多,认真地点了点头,并表示自己一定能做到。

案例中的这位妈妈是教育中的有心人,针对孩子不排队的现象,她及时指出并给予教育,让孩子认识到自己的行为是不正确的。

的确,在公共场所,不遵守秩序不但失礼,也是危险的,一些儿童因为不排队的事情而大打出手的现象已经数见不鲜。

而作为成人,我们带着儿童出去玩是为了放松心情的,如果遇到这样的事情肯定会非常郁闷。所以不管是大人还是孩子,都应该有这样的一个自觉。儿童不懂我们就要去纠正他,然后也要给孩子辅导一些这方面的安全知识。只有教导儿童做一个文明的好孩子，才能避免这种危险的发生。

对此，我们要告诉儿童：

1.插队是无礼的行为

我们要让儿童明白，在公共场合，你要等待，就免不了排队，而也只有排队，才能保障每个人的安全，也是符合礼仪的。

比如，上课铃响了，要一个一个进教室，不可与其他同学争抢，上卫生间也要排队，应选择由内往外最后一个洗手间处开始，不应径直插到某个洗手间门外等候。

2.保持队形注意安全

我们要告诉儿童，即使排队，也不要间隙过大，保持在20~50厘米即可。如有特殊规定，遵循指示即可。

行进过程中，要始终保持相同的距离，不要走得忽快忽慢，这样既安全，又不会影响队伍的整齐性。

儿童在观看比赛或者演出等待入场时，如果没有安全带引导，应自觉排成一路纵队，而不是三三两两并排站立。

3.依规保持适当距离

在银行这些特殊场合排队时，我们要告诉儿童，要遵守该地方的规定，要在一米线以外排队，与前面的人保持适当的距离，以此来保护他人的隐私，而如果对方正在输入密码，要尽量移开视线。

4.排队乘车，要谦让他人，先下后上

等候公交车、地铁等公共交通工具时，我们要告诉孩子按照顺序排队，在遇到老、幼、病、残、孕等有需要的人时要进行礼让。

上车后，不要抢占座位，要先下后上遵守秩序。下车时要提前调换位置，不要争抢，按照顺序下车。

作为父母，我们要知道，虽然教导儿童排队、遵守秩序是一件小事，但对于儿童的礼仪形成却极为重要，而且，如果我们每个父母都尽力让儿童做个文明的社会小主人，我们才能让文明在全社会蔚然成风，文明才能真正成为一种感染力、凝聚力、推动力，进而升华为一种城市的名片，一种国家的形象，一种民族的精神。

第04章

友善宽容，稳定的情绪管理能力让儿童更受欢迎

作为父母，我们都知道，我们的孩子将来会生活在一个更多变化的社会，他们将会面对职场的激烈竞争，复杂的人际关系，也免不了一生中遭遇情场失意，事业困境，生意败北……这些都会让他们产生坏情绪，而是否有稳定的情绪，直接关系到他的人际关系好坏乃至人生是否幸福。因此，从现在起，当儿童产生坏情绪时，我们就应该采取正确科学的方法进行疏导，那么，我们该如何应对呢？在本章，我们将着力了解这一点。

为什么人有喜怒哀乐
——让儿童学会认识和表达自己的情绪

每天睡前,苗苗妈妈都会带女儿阅读十分钟,这已经是苗苗家不成文的规定。这天,妈妈拿出准备好的卡片,上面有很多表情,妈妈问四岁的苗苗:"宝宝,这是什么?"

"这是笑。"

"这个呢?"妈妈继续问。

"这是哭。"

在认识了众多表情后,苗苗问妈妈:"妈妈,人为什么会有这么多表情呢?"

"这是因为人是情绪化动物,有喜怒哀乐呀。"

听到妈妈的话,苗苗眨巴眨巴大眼睛,更迷惑了,看到女儿可爱的样子,妈妈准备耐心地为苗苗说一下人的情绪问题。

案例中,苗苗妈妈是一位教育的有心人,帮助儿童了解情绪、认识和表达自己的情绪,能让儿童更好地管理和控制自己的情绪,毕竟,情绪管理能力强的儿童在人际交往中更讨人喜欢。

心理学专家介绍,情绪是人与生俱来的心理反应,它由4种基本情绪构成:愤怒、恐惧、悲伤、快乐。这如同绘画中红、黄、蓝三原色，其不同的组合构成人的各种情绪状态。每个人都有情绪，我们的儿童也是，他们也有自己的情绪，只是有些儿童表达的方式比较温和、有的比较强烈。父母的责任，就是教儿童学会调节情绪，找到科学的疏导方法。

无论成年人还是儿童，不可能总是快乐无忧，我们都希望能够帮助儿童学会调节自己的情绪，使之向快乐的方向转化。相对于成人来说，儿童的喜怒哀乐通常是很真实的，往往直接支配着他的行为，无论是快乐还是悲伤，他们都会挂在脸上，而在我们成人看来，一件很小的事，可能就会引发他们强烈的情绪波动。

有研究表明，儿童具有的情绪调节能力，而不是他们的智力，是他们以后生活中能否成功、是否快乐的最好预示。儿童在成长过程中，学会管理自己的情绪对他的人生幸福至关重要。

其实，儿童在每一天的生活中，不但会体验快乐，也会有挫折、有后悔、有孤单的感觉。有些儿童一旦受到挫折，感到难过，就习惯用很暴力的方式发泄，不但造成其他人的困扰，也影响自己的人际关系。这很可能只是因为他不知道该如何适当表达和分享自己的感受。

教儿童认识自己的感觉，这是管理自我情绪的第一步。因为从儿童心理发展的角度来看，儿童对自己的情绪体验越丰富，儿童的心态发展越成熟。每一次强烈情绪的经历，都是一次宝贵的经验。如果我们允许儿童体验自己的情绪，帮助儿童认可和接纳自己的感受，能提升他们的认知能力，能在以后遇到同类情况时给出最恰当合理的反应和处理，有助于他们获得坚实的自信心。

相反，假如我们不允许甚至是遏制儿童体验或表达情绪，并非意味着他们面对同样状况时就没有情绪了；我们只是暂时地压抑了儿童的情绪。儿童也会感受到，自己这些情绪是可憎的，甚至认为自己是可憎的。然而他缺乏控制情绪的能力和经验，强行忍受着内心的煎熬，绝望地感到自己无能为力，从而产生自卑。儿童将来长大了，面对内心依然会产生的强烈情绪反应，会感到不知所措，也会感到羞愧难当；既不知道怎样表达，也不知道怎样处理。压抑良久，会导致各种心理问题。

帮助儿童认识和表达情绪，我们可以遵循这几个步骤：

1. 教儿童学会表达自己的感觉

在日常生活中，父母可以多和儿童聊天或适时问儿童："你现在是什么感觉啊？""你喜不喜欢？""什么事情让你这么生气？"还可以通过讲故事、编故事、角色扮演等游戏教给儿童疏导情绪的方法。有时还可以通过交换日记、写纸条的方式说说高兴和不高兴的事。如此一来，儿童也就逐渐学会，如何用"讲道理"的方式表达自己的心情。

2. 教儿童学会表达情绪

当儿童生气发飙或闷闷不乐时，父母千万不要因此动怒，"你再哭我就打你"这样的惩罚，既无法制止，也无法让儿童学会如何疏导不良情绪。父母要懂得利用此机会，教儿童几招调节不良情绪的好方法，引导儿童适度发泄。

（1）教导儿童用语言表达怒气。研究证明，语言发展较好的儿童，遭受到的挫折感也比较少，因为他们懂得以语言表达自己的需要，于是容易被满足，而且当他们说出自己生气难过的原因时，不仅有助于情绪宣泄，也能获得他人的了解和安慰。父母可以在儿童生气、难过的时候，教导他们用语言而非肢体表达怒气。

（2）教儿童转换思维。如果儿童陷入某种负面情绪里，通常是因为"想不开"，此时，父母可以带着他想些好事情或引导他发现原来事情没有这么糟。儿童能够学习用不同角度和方向思考，进一步也就可以用有创意的方式，自己想办法解决困境。

（3）带着儿童放松心情玩一玩。压力大经常是儿童心情不好的来源之一。可以教儿童做做伸展体操，或是用力画图、用力唱歌，让他体会这些"用力动作"对解除紧张情绪还是很有作用的。下回他就能有更多选择，调节自己的不良情绪了。

（4）教儿童换个角度看自己。当心情不好或遭遇挫折的时候，儿童很容易会对自己产生负面的看法，觉得自己真的很差劲，这时父母可以提醒儿童，他曾经在其他方面表现得很好。让儿童时常记起自己成功的经历，可以帮儿童找回自信，相信自己可以克服困难，也更愿意去接受挑战。

最后，要帮助儿童建立自信心，因为自信的儿童更容易获得快乐的情绪。父母应该多鼓励、多赞美儿童,增强他们的独立性、进取心。

的确,儿童的成长并不是一个直线上升的过程,而是呈波浪式上升的。儿童的情绪发展也是如此。面对儿童情绪波动期的无理取闹和火暴脾气,爸爸妈妈要多理解他们,教给他们调节情绪的方法。拥有良好情绪、健康心态的儿童,在将来的生活中更容易获得幸福和成功,这就需要我们尽早地关注儿童良好情绪的建立与培养,因为,培养、建立良好的情绪是他们走向成功的第一步。

妈妈总当着很多人的面说我
——理解和认同儿童的负面情绪

生活中,相信不少家长会遇到这样的情况:在路上遇到了熟人,他们会赶紧这样叮嘱儿童:你叫一声阿姨(叔叔)好。有些孩子不肯叫,有些孩子声音低得只有自己听得见。这时总会听到家长轻声责怪孩子:"你这孩子,跟你叮嘱多少次了,叫你看见长辈要礼貌,怎么还不叫,真是不懂事。"家长一边责怪孩子,一边跟熟人解释:孩子还胆小,别见怪。

那么,家长这样做,对不对?

我们先将这一问题搁置,再来看下面的场景:

电梯内,一位妈妈带着一个小女孩,还有另外一位女士,女士看到小女孩很可爱的样子,就问:"小姑娘,你好啊,你几岁了?"

看到是陌生人在问自己的问题,小女孩赶紧紧张起来,然后将小脸紧紧地贴在妈妈的腿上,一声不吭。妈妈则低下头告诉女儿:"别不好意思,告诉阿姨你几岁了。"

这下,女儿躲藏得更深了。妈妈有点歉意地对说:"她就是这么胆小,没办法。"

这位女士笑了笑,直到这三个人都离开电梯,小女孩也没有开口。

相反的情况,我们再来看一则案例:

在某心理医生的诊所里,有位妈妈前来求助,她告诉医生,她女儿今年七岁,什么都好,就是胆小怕黑,不敢自己待在房间里,这让她感到很焦虑。

在这位妈妈陈述完自己的苦恼后,他们完全没想到医生会这样:"你的女儿很敏感,她很懂得保护自己。"

然后,医生对小女孩竖起大拇指,对女孩说:"你很棒!"本来缩在沙发上、紧张不安的小女孩,脸色立即明朗起来,治疗结束时,居然兴高采烈的。

这里,儿童的进步是因为大概是终于有人帮助她的父母更好地理解她了。

这里,教授所演示的,正是"保护我们的负性情绪"。而电梯中的父母，以及我们通常所做的，则完全相反。我们常常批评、压制、否定、责备甚至呵斥那些表现出负性情绪的儿童。

其实，母亲在儿童刚刚降生的最初一年里，都做得非常好。当儿童哭闹时，母亲不是制止儿童哭，而是检查儿童是否饿了、冷了、尿了、受伤了。所有疑点都排除后，如果儿童还是不停地哭，母亲就会送儿童上医院——负性情绪提示我们，人正处在不良状态中，或者很不适应当时的环境。

我们要解决的，不是克制情绪或者压制情绪，而是去掉环境中不利的因素，或者积极主动地调整我们自己，以更好地适应环境。遗憾的是，当儿童长大后，我们却常常简单、粗暴地遏制这些具有保护意义的负性情绪。

要好好保护我们的负性情绪，它会保护我们和我们的后代远离危险。电梯中的母亲，发现儿童的躲避行为后，可以立即把儿童抱起来，给她直接的安全感，告诉儿童："我知道，你不认识这个阿姨，所以有些害怕。"然后，把儿童的情况和对方交流。当儿童观察到母亲可以轻松愉快地和这个"陌生人"交流时，她就会慢慢放松下来。经过一段时间的"情境安全感评估"后，儿童也许就敢尝试接近陌生人了。

那么，估计不少家长会问，我们如何保护儿童的负性情绪呢？其实很简单，就是帮助儿童学会理解儿童，表达认同，并让他们学会表达和宣泄自己的坏情绪。

心理学家认为，人在精神压抑的时候，如果不寻找发泄机会宣泄情绪，会导致身心受到损害。另外，在愤怒的时候，适当的宣泄是必要的，不一定要采取大发脾气的方法，可以采用其他一些较好的方法。

所以，家长不妨引导儿童采取以下方法发泄自己的情绪：比如，在儿童盛怒时，让他赶快跑到其他地方，或找个体力活来干，或干脆让他跑一圈，这样就能把因盛怒激发出来的能量释放出来；同时，如果儿童不高兴或是遇到了挫折，你可以把他的注意力转移到其他活动上去。例如，当儿童在厨房里吵闹着要玩小刀时，妈妈会把他带到一水池的肥皂泡面前分散她的注意，他很快会安静下来。另外，场景的迅速改变也能达到同样的目的——安静地把儿童从厨房带到房间里去，那里有许多吸引他注意的东西，玩具恐龙、图书都可以让他忘记刚才的不愉快。

我很难过
——告诉儿童，要学会向他人倾诉内心的不快

在儿童和周围人相处和交往的过程中，难免发生一些不快，让儿童陷入悲伤情绪中，此时，需要我们父母对其进行干预，我们可以告诉儿童，当他心情压抑的时候，不妨找个倾诉的对象，人的情绪受到压抑时，应主动把心中的烦闷苦恼都说出来，如果长时间压制住的话，就会给身心健康带来危害。的

确,尤其是那些性格内向、不善交际的儿童,他们多半是无法靠自己的力量做好自我调节的,因此,可以选择通过向信赖的好友倾诉来排遣不良情绪。有些事情其实并不像当事者想得那么严重,然而一旦钻进牛角尖,就越急越生气,如果请旁观者指导一下,可能就会豁然开朗,茅塞顿开。

刘太太是个细心的人,她发现7岁的女儿小菲最近好像有点不太一样,总是闷闷不乐,在一个周末,母女俩又来到公园跑步,停下来休息的时候,刘太太对小菲说:"能跟妈妈说说你最近怎么了吗?"

"没事。"

刘女士知道女儿没有敞开心扉,于是,继续引导:"没关系,你不想说,妈妈也不逼你。但你这样一天闷闷不乐的,不仅影响学习,对自己身体也不好啊。不妨发泄一下。"

"妈妈,其实我特别想哭,真的好委屈。"小菲眼光已经湿润了。

"哭吧,你是妈妈的孩子,想哭就哭出来,在妈妈面前没什么丢人的。"

刘女士这么一说,小菲的眼泪一下子掉了下来,一边哭一边说:"妈妈,我们班那个同学,竟然在我背后说我坏话,说得很难听,我又没有对不起她。有一天,我去卫生间,结果她正和几个女生在里面嘀咕,恰好都被我听到了,为什么她要这样对我。"

"那的确是她不对，但小菲，你想想，人生就是这样，无论我们做得怎么样，总有不喜欢我们的人，对吗，遇到这样不顺心的事，你应该暂时停止学习，因为这时候学习是没有效率的，心事还会郁结。不妨放松一下，这样既可以暂时转移注意力，也可以缓解大脑的缺氧状态，提高记忆力。这些方法都可以释放内心的不快。还有，你要记住，妈妈是你永远的朋友，有什么都可以告诉妈妈。不过，你始终要明白，没有一个人是绝对受欢迎的，你不必太在意的。"

"谢谢妈妈，我知道该怎么做了。"

果然，小菲又和以前一样，脸上总挂着笑脸，学习也有劲儿了。

的确，我们任何人，也包括我们的孩子，虽然有一定的抗压能力，但如果压力过大不加排遣、一个人闷在心里或独自受委屈，对健康不利。而心理学实践表明，把自己遇到的压力、烦恼对别人说出来，有宣泄的作用。因为与别人交谈能让他们分担你的感受，让压力得到分散，因此，在儿童成长的过程中，当他们遇到不快的事情时，可以引导儿童寻找倾诉的窗口，进而帮他们成功排解压力。

对此，我们可以这样指导儿童：

1.告诉儿童不要压抑自己的情绪

你可以告诉儿童：当你有心事时，不要憋在心里，要学会和别人分享，不要自己硬扛，缺少有效的沟通，会造成了很多心理压力和心理疾病,如抑郁症、焦虑、强迫等。这些心灵的创伤很大一部分就来自不能释放自己的情绪,当内心的情绪被锁定在生命中无法释放时,生命的动力、创造力、智慧、人际关系都被压抑在其中。

2.鼓励儿童交几个知己好友

研究压力方面的心理学专家说:"女性其实是一种很需要别人支持的群体。所以,对于女性而言,强大的后备力量就显得尤为重要了。"其实,不只是女人,我们任何人都需要朋友,更需要知心朋友,举个很简单的例子,当你不小心把手割伤了,你一定会寻找创可贴之类的药物,而同样,当我们遇到不开心的事时,我们也会不由自主地寻找可以为我们打气的人。也就是说,我们只有具备几个可以掏心掏肺的知己,才能在需要他们时,让他们挺身而出。

同样,我们的儿童也是,儿童有了好友,有些话不方便对父母说,也可以告诉好朋友,这样,才不至于闷在心里。

3.告诉儿童,可以向父母倾诉

我们可以告诉儿童:"当你有心事时候,不妨和父母沟通,你就有更多的倾诉和释怀。生活中,你与父母之间的一些代沟,不仅仅是因为父母工作忙、没时间,也和拒绝沟通有关,在以往的生活体验中,很多儿童都有过这样的经历,很多事情选择独自承受,不愿意和父母分享。当你们有话不能讲、不愿讲时,距离就产生了,这是人为制造出来的距离。换个角度,如果有一天你的儿童有话不愿意对你说，你的感觉又如何呢？

"而且，父母毕竟是过来人，人生阅历比你深，你遇到的一些心事，也许父母能给你解决的方法，敞开心扉交谈，远比你一个人扛好得多。"

另外，我们还可以让儿童知道，老师也是很好的倾诉对象，因为他的心事只不过是老师遇到的一个个案而已，老师能为他提供最好的解决办法。

总之，儿童在遇到不开心甚至是极度难过的事后，便会背负起沉重的精神包袱，往日的笑脸不见了，整日深居简出，羞于见同学老师，面对同学的电话或来访持抵触心理。其实这是不智的，是在为自己制造人际隔阂，同时也暴露出其心理的脆弱。

而作为父母的我们，可以引导儿童倾诉心中的苦恼，因为倾诉可以让心灵得到释放。你可以告诉儿童：想出门走走吗？有什么都可以跟妈妈（爸爸）讲啊。难受就哭出来吧，还有妈妈（爸爸）陪着你呢！烦恼发泄出来了，"失意"的病毒便在你心里无处藏身了。

我就喜欢发火
——儿童动不动发脾气怎么办

一天，杨太太正上着班，就被儿子小强的老师一个电话叫到学校，原来是7岁的小强在学校闯祸了，匆匆忙忙赶到学校，才问清楚情况：原来是班上有些男生挑事，说儿子小强是"胆小鬼"。老师告诉杨太太，班上传言，小强到7岁了还尿床，这些男生知道后，就拿这件事嘲笑小强。而小强则因为这件事很生气，于是大打出手。不仅如此，小强平时在学校脾气很差，动不动就和别的小朋友吵架。听到老师这么说后，杨太太也很无奈。

和案例中杨太太相同，很多父母都感叹："儿童小小年纪就总是发脾气怎么办？"其实，不只是儿童，我们大人也有脾气，脾气，是日常生活中常常碰到的普遍心理现象之一。每个人都有脾气，一些儿童脾气急躁，遇事容易冲动，特别是对一些不顺心或自己看不惯的事，常常容易生气或怄气，有时还同人家争吵，说出一些使人难堪的话，或影响同学间团结，或影响了家庭的和睦。

人的脾气有好有坏。脾气好的人无论到哪里，都会受到欢迎，别人喜欢同他合作、共事；脾气不好的人，则常常给自己和别人带来苦恼，使别人觉得难以与之相处。

人的脾气的好与坏，与人生活和学习的环境有很大关系。温顺、平和、忍耐等好脾气，往往同和睦温暖的家庭环境以及良好的教养有密切的联系；而暴躁、倔强、怪癖、任性等坏脾气，则常常与娇生惯养、溺爱或得不到家庭温暖、父母的要求过于严厉有关。

作为父母，我们都知道，儿童脾气好是有修养的表现，而培养儿童良好的脾气，比用服装来美化她，要具备更高一层的精神境界。一个脾气暴躁的儿童，很难想象他能有什么美好未来，那么，我们该怎么样通过培养儿童的良好修养来达到控制儿童脾气的目的呢？

1.帮助儿童认识到坏脾气的危害

我们要让儿童明白，我们在社会生活中，总要同其他人进行接触和交往，希望得到别人的好感、友情、赞赏、合作，否则，就会感到孤独、寂寞，没有生气，寸步难行。人的行为是受意识调节和控制的，儿童认识到了坏脾气的危害，便可从内心产生改掉坏脾气的要求。

2.引导儿童多看书，提升修养

儿童的修养并不是一个月两个月可以改变的,这需要长时间的修养和熏陶。

比如,我们很久没见一个人,会说他变了一个样,其实就是周围生活熏陶出来的,多读书总有好处。书读得少的话其他练得再多也还是没有内涵的。还有一点就是,想成为什么人,就和什么人交朋友,家长要让儿童远离一些思想品行低下的不良人士。

3.为儿童营造一个安静祥和的生活和学习环境

一个好的生活环境,好的心态,才能培养出儿童好的修养。反过来,那些父母整日争吵、家无宁日的环境,儿童怎么能有好脾气呢?

4.增加儿童的阅历

不一样的环境会造就不一样的人,一个儿童的阅历、学识,对自己的了解程度都会对修养有一定的影响。

5.让儿童学会控制住自己的情绪

(1)告诉儿童放松自己的方法。发现儿童放松自己的方法,鼓励他运用这些方法放松自己,特别是在他放学后或者一段时间以来非常活跃之时——这些时候,他可能认为自己很难"着陆"。

(2)警惕儿童的"孤独"征兆。不要让那些真正需要安静时间、喜欢一个人独处的儿童,随着时间的流逝而变得离群索居。注意观察他可能出现的任何"孤独"的征兆。

如果你的儿童有太多的时间独处，建议他参加某个体育或者社交俱乐部或青年团体。

（3）了解儿童的情绪，别轻易惩罚。儿童的忌妒、愤怒、沮丧以及怨恨的感受，应该是可以接受的，而不应该遭致惩罚或拒绝。不过，虽然可以有这样的感受，但不能因此而伤害他人。这时候可以帮助他提出他的要求。比如，对他说："我想你现在很伤心难过，给你一个拥抱，你会觉着好点吗？"

（4）给每个较小的儿童配备一本感受日志，让他们在固定（或者自由）的时间里，写下他们对作品、学校、事件或人物的反应。

（5）情绪表达需要特别的词汇。他必须知道他可以选用哪些语词来表达自己的感受——而且，如果这种信息以恰当的方式告知他们，他们会非常乐意拓展自己的语汇，以替代那些咒骂性的语言。

（6）给出一些不完整的句子，让儿童去补充完成。比如，"当……的时候，我最幸福""当我生气的时候，我……""当……的时候，我感觉自己非常重要""当……的时候，我感到沮丧""当……的时候，我可能选择选择放弃""当我被训斥的时候，我想……"。

（7）在没有压力的寻常时间里，找个机会开诚布公地告诉他，在他需要的时候，家永远是他最后的庇护所。

一个人的修养必然会带来气质上的变化，所以，如果父母希望自己的儿童成为一个仪态端庄，充满自信、能吸引别人的人，就要让儿童学会管理自己的情绪，就要不断提高儿童的知识、品德修养，不断丰富他们的人生阅历。

第05章

以教人者教己，引导儿童与家庭成员和睦相处

我们都知道，儿童在成长的过程中，大部分时间都是在家庭中度过的，家庭成员之间的关系，是社会关系的一个缩影，我们父母培养儿童的社交能力，首先要从家庭开始，我们不但要为儿童提供一个健康、温馨、宽松的家庭氛围，更要鼓励儿童孝敬长辈、感恩父母，与家人和谐相处，这样，儿童才能以健康积极的心态与状态进入学校和社会，才能获得良好的人际关系。

爸爸妈妈,我们做朋友吧
——尝试和儿童建立友谊

小敏是单亲家庭的孩子,平时沉默寡言,在学校不与同学、老师亲近;回到家,和爸爸也说不到一起去。

在一次家访中,小敏的爸爸说:"我一回家她就进卧室,她吃饭做作业都待在自己的房间里,早上我说送她上学,她也不理,一天下来基本上可以不说话。"小敏爸爸这样形容自己和女儿的生活。

"跟他说话很累,根本就说不到一块去。"敏敏说,自从妈妈离开后,她更不想和爸爸说话了。

"其实我们俩父女哪有什么深仇大恨,我说她也是为了她好,但孩子倒把我当成仇人、陌路人。"小敏的爸爸这样对班主任老师说,"以前她妈妈在的时候还好,倒是蛮听话,后来她妈妈走后,女儿就变得脾气暴躁起来,刚开始还和我对着干,后来,直接沉默了。"

其实,很明显,这对父女之间的问题在于缺少沟通,而其中一个重要的沟通障碍就是父亲放不下架子,与孩子之间形成了一种对抗,久而久之,孩子就宁愿与他以陌生人的关系相处。

的确，可能不少父母都认为，教育儿童，让他们听话就好了，不然孩子很容易走错路，于是，他们在说话时尽量提高音调，以为儿童会听自己的话，但结果却常常事与愿违。其实，假如我们能和儿童做朋友，多听听他的心声，让儿童感受到我们对他的尊重，亲子关系也许会好很多。

不得不说，时代在变化，今天与昨天不同，明天与今天也不同。作为父母，我们都能感受到现代技术、新信息给我们生活带来的变化，更何况是人生刚刚开始的孩子？而很明显，那些旧的环境下的教育模式，已经明显不适应新时代的儿童了。

因此，作为父母，我们不妨放下架子，和儿童做朋友，并学会主动学习和运用新知识和儿童沟通，在用自己的行为影响儿童，用新鲜的话题引导儿童。

具体来说，我们要从以下几个方面着手：

1.转变观念，教育方法不能一成不变

很多家长认为，只要给儿童足够的物质满足，才是给孩子一个更好的生活，其实家长恰恰忽略了儿童最需要的东西。孩子们最需要的不是玩具和零食，而是亲密感情的表现形式，比如你了解他的思想，理解他，认同他，给他一个鼓励的拥抱等。记住，你的孩子已经不是襁褓中的婴儿了，已经有了自己的爱好、思想等，对此，家长应予以正确的引导和鼓励，不能以一成不变、简单粗暴干涉的方式来约束儿童，应该突破传统教育的固定模式，家庭教育也需要与时俱进。父母应该在平时多留意社会的发展和儿童的想法，注意与儿童沟通，在了解儿童的想法后也多向老师求教，双方配合合理引导，从而共同促进儿童的健康成长。

2.尊重儿童，别端着架子

因为没有尊重谈不上信任、平等，就无法进行沟通，就搭不成交友的桥梁。尊重儿童的心理需求，倾听他的意见，允许儿童保留合理的自由和权利，从情感上接纳孩子，儿童才乐于向家长敞开心扉，乐于接纳父母的教诲。

3.父母首先要注意沟通方式方法

先反思一下：您是否唠叨？您与孩子的话题是否永远都是学习、听话？您是不是经常暗示孩子一定要有出息？那您是否发现，孩子越来越不愿意和你交流？您的孩子是不是觉得你越来越"土"？之所以请您反思，是因为孩子在长大，或多或少会表现出逆反心理，我们越是要求他们，他们越不听。最好的做法是改变我们自己的做法，打开与孩子交流之门，缩短与孩子的心灵距离。

4.多倾听，先不急着发表意见

即使儿童的看法与大人不同，也要允许他可以有自己的想法。父母应考虑到儿童的理解能力，举出适当的事例来支持自己的观点，并详细地分析双方的意见。父母不压制儿童的思想，尊重儿童的感觉，他自然会敬重父母。

5.让儿童自由安排与父母独处的时间

很多父母感叹:"虽然放暑假成天在家,儿子跟我之间每天的交流时间竟不到半个小时!""女儿每天除了上辅导班就是自己上网跟同学聊天、打电话,根本不理睬父母,说多了还嫌烦!"

其实,既然你的孩子觉得你土,那么,你不妨请教他:"这个周末由你来安排,不过前提是,你要带上爸妈……"如果你的孩子答应了,那么,就表明他已经允许你进入他的世界。

6.分享儿童的感受

无论儿童是向你们报喜还是诉苦,你们最好暂停手边的工作,静心倾听。若边工作边听,也要及时作出反应,表示出自己的想法或感受,倘若只是敷衍了事,儿童得不到积极的回应,日后也就懒得再与大人交流和分享感受了。

不得不说,新时代的来临,我们的教育方式也要与时俱进,呆板的、单一的、简单的家教已经行不通了,父母要在人格魅力、学识素养各方面得到儿童的敬佩与爱戴,学点新知识,变个新形象,努努力,当好"现代父母"!

我和妈妈吵架了
——当亲子间发生矛盾后如何处理

一天，7岁的儿子回家后，妈妈发现儿子的校服竟然破了，马上气不打一处来。

妈妈："我跟你说过多少次，叫你在学校不要调皮，不要打架，你照照镜子，哪里还像个学生？今天罚你不准看电视！"

儿子："我又不是故意的，妈妈，你怎么这样，太霸道了！"

妈妈："我是你妈，我就要管你。我说什么就是什么。"

儿子："有什么了不起，你就会对我发脾气……"

一场母子之间的战争开始了。

不得不说，现代家庭中，很多亲子间的矛盾都是因为沟通不畅而引起的，很多父母在事后后悔，为什么我要发火呢？有什么办法可以挽救呢？

很多父母都感叹，现在的孩子越来越难管，几岁开始就不听话了，而家长稍微说了几句，就跟自己作对，甚至直接吵架，离家出走，而最后担心的还是父母，可以说，与孩子沟通是很多父母头疼的问题。

的确，对于任何一个家庭来说，如果亲子关系不好，很容易打乱了正常的家庭秩序，也给孩子和家长造成不少困扰，有些儿童甚至一味地反抗家长而走向了违法犯罪的道路，因此，在这个过程中，家长的疏导就显得尤为重要。

然而，生活中，一些父母一看到自己的孩子与以往的举动不同，就担心孩子会做错事、走错路，便对孩子横加指责，加上一些年纪稍大的孩子本来就有逆反期情绪，于是，生活中的一些小细节便升级成亲子间的全面战争，事实上，不少孩子最厌恶的就是父母对自己管得太多、干涉太多。

那么，当亲子间产生意见分歧、有矛盾的时候，我们父母该怎么灭火呢？

1.先从自身找问题

亲子间产生矛盾的时候，我们家长首先要反思，是孩子还是自己先挑起战争的呢？是不是自己本身就对孩子有意见？

很多时候，矛盾只是来源于生活中的一些小细节。比如女儿悄悄买了发卡，您完全可以把这种现象当作普通的爱美之心。

如果孩子事事和你作对，拒绝接受你的任何意见，就需要第三方的介入，让孩子信任的长辈与他好好沟通；或者寻求心理医生的帮助，进行家庭干预或家庭治疗。

当我们与孩子间的矛盾比较激烈时，学会心平气和地去开导他们，也可以适当地请教心理专家，用理解的心态逐步解决问题。

2.父母使用建设性的内心对话，先平息怒火

赫尔明指出："许多怒火中烧的人不分青红皂白责备任何人和事：什么车子发动不了啦；孩子还嘴啦；别的司机抢了道啦之类。使怒气徘徊不去的是你自己的消极思维方式。"既

然想法是导致情绪的主因,那么,在家庭教育中,如果家长自身容易愤怒,就应该改变内心的想法,准备一些建设性的念头以备不时之需。例如:"孩子也是独立的人,我不该随便批评""不论如何,我都要平静地说,慢慢地说"等。

当你能熟练这些灭火步骤时,你就会发现,你自己能先平静下来。

3.无论如何不要对儿童说粗话

不管你说的是"傻瓜"还是更粗野的词语,你一旦开口辱骂,儿童就会把你变成"敌人",这样,要消除孩子的怒气更难上加难,而且,言语粗鄙的家长会对孩子的语言习惯产生坏的影响,长期与家长对骂的儿童,怎么可能有好的修养和性格,又怎么能指望他与其他人友好相处呢?

这会使你更难为对方着想,而互相体谅正是消弭怒气的最佳秘方。

4.对"合理的一面"进行妥协

在亲子间产生矛盾的时候,我们父母不要一味地强调自己正确,事实上,有时候,儿童的想法也并不是不正确,只是角度不同,观点就不同。对此,为了防止矛盾升级,我们可以和儿童进行妥协,如对于晚归这个问题,你可以和儿子约法三章:晚上十点之前必须回家;最好结伴回家;晚归要给父母打电话等。父母与儿童各退一步,能有效缓解沟通中的矛盾。

总之,任何家庭中,亲子关系都有可能出现一些不愉快的场面，此时，都需要我们家长找到灭火的方法，另外，孩子毕竟是孩子，他们的情绪掌控能力不如我们成人，需要我们成人在平时多关心，并且需要我们家长保持平静心态，找到解决的方法，更多帮助孩子解决实际问题。

爸爸妈妈好辛苦
——感恩之心，让儿童从小知道孝敬父母

某小学三年级的班会课上，班主任老师为了教育孩子们，给大家上了这样一堂课：

他从家中带一些鸡蛋，然后找来几个同学，让这些孩子不论用什么方法，要保证鸡蛋在一天之内不碎。一开始这些孩子不以为然，一下课就把鸡蛋放在课桌中，自顾自去玩了，谁料到课桌被好动的同学撞了一下，鸡蛋就碎了；还有的就一直把鸡蛋捧在手里，但用力过猛，把鸡蛋捏碎了。失败后，孩子们都学乖了，干脆用上了保护措施：把鸡蛋放在泡沫塑料里；有的把鸡蛋放在布袋里，挂在胸前。当学生把完整的鸡蛋交给老师时，都不由自主地长吁了一口气。老师趁此引导孩子："你们保护一只鸡蛋才一天，就觉得累了，爸爸妈妈保护你们长大成人，所付出的精力和耐心，就可想而知了。"

的确，父母养育孩子直至长大成人，倾注了多少的心血。

作为成长期的儿童,只有体会到为人父母的辛苦,才能在未来社会承担起更多的责任,只有懂得孝顺自己的父母,才能同样养育出孝顺自己的孩子。而从儿童自身角度看,父母在对儿童进行情绪管理和性格养成的过程中,也只有让儿童认识到父母的辛苦,才会尊重和体谅父母,进而避免亲子之间的对抗。

而现代社会,为人父母的,有多少在爱的名义下,不停地摧残那颗脆弱的心灵,正如很多人说的"中国的父母是天下最爱孩子的父母,却是最不懂得怎样爱孩子的父母"。他们的爱只是父母对子女的单向倾斜,而不能实现爱的双向交流,那么这种爱就是畸形的爱。儿童只有把父母给他的爱转化为他对父母的爱,这颗爱的种子才算在孩子的心中生根发芽,开花结果,这种人间大爱正是这样得以传承的。

一个年仅5岁的小孩儿,在父母上班之后陪伴着瘫痪在床的奶奶。奶奶该吃饭了,他把父母做好温在锅里的饭菜慢慢端到奶奶床上;奶奶要解手,他把便盆送到奶奶身边……

一个上小学的女孩儿,母亲卧病在床多年。小女孩儿承担起了全部家务,每天买菜、做饭、收拾房间,为母亲擦洗身体。家里生活十分困难,使她养成了省吃俭用的习惯。在这种情况下,她每天按时到校上课,勤奋苦读,还担任学生干部,成为三好生,被评为十佳少年……

这一个个鲜活的例子证明了家贫出孝子也是这个道理,只有经过生活的磨炼,才能了解生活的艰辛,才能明白父母的含辛茹苦,孝顺父母的孩子才是一个人格健全的孩子,才知道如何爱别人。

那么,家长该怎样让儿童体会到父母的辛苦,从而启发儿童的孝心呢?

1.在与亲子接触和相处中建立亲情,让儿童从细小的生活片段中感知父母的艰辛

在孩子时间允许的情况下,家长要要求孩子帮妈妈刷刷筷子洗洗碗,给爸爸捶捶后背揉揉肩。亲情培养,很多时候就是一些容易被我们忽略的细节。从这方面说,我不赞成孩子从上幼儿园或上小学起就到离家较远的外地去上寄宿制学校,因为这不利于亲情培养。亲情,就是在一天到晚的亲密相处中建立起来的。

2.给儿童机会,让儿童从行动上去感知

家长不妨把日常工作向孩子说一下,或带儿童去上一两次班,让他知道你上班走什么路线,每天都做些什么事情,你的工作中有哪些困难;你还可以告诉孩子下一个月、下一年家里都需要买什么东西,需要花多少钱。总之是让儿童感受到、体验到父母的难处,而不是只让他听父母说"我很辛苦"。

在一个双休日,李先生骑自行车带10岁的儿子嘟嘟去公园。看完各种动物表演,儿子十分兴奋。回家的路上行人稀少。他对爸爸说:"爸爸,让我带你一段怎么样?"李先生说:"你没有带过人,能行吗?"嘟嘟说:"让我试试吧。"

爸爸也就同意了。

于是，爸爸坐在车架上，嘟嘟双手紧握车把，用力蹬动脚踏，车轮滚滚向前。可嘟嘟毕竟还小，骑了七八百米之后，就有些体力不支了，额头上也渗出了汗珠。最后他喘着气停了下来，好奇地问爸爸："爸爸，你每天骑车带我上学也这么费力吗？"爸爸说："我虽然力气大些，不过每送你一次，我也挺累的，尤其是前边那个上坡更费力气。"

到了星期一，李先生照常骑着自行车送儿子上学。骑到上坡时，坐在后边的嘟嘟忽然跳了下来，用手推着车。爸爸非常欣慰。

3.用亲情故事启发儿童意识到父母的辛苦，从而孝敬父母

家长一定要定期抽出点时间和儿童谈心聊天，要把自己的难处和家里的难处有选择地告诉孩子。通过谈话，可以让儿童体验亲情，启发孩子孝敬父母的意识。

让孩子从"乌鸦反哺""羊羔跪乳"等故事和名人孝顺的事例中体会到孝顺父母是一种美德。动物尚有此本能，何况我们人呢？

父母是儿童的第一任老师，切记不要溺爱孩子，溺爱是孩子成长的毒药。每个儿童就像一把谷种，放在温室中肯定不会长成大树，让儿童拥有孝心，才能让他明白，只有互相付出爱，一个家庭才能美满，在学校里、在社会里才能和谐相处，这样儿童才能拥有更和谐的人际关系，才能在社会上更好地生存！

要尊重爷爷奶奶
——告诉儿童要孝敬长辈

丁当的爷爷奶奶以前一直生活在东北老家，在丁当上幼儿园的时候，爸爸就把爷爷奶奶接过来北京一起住。

第一天，爸爸妈妈帮爷爷奶奶接风那天，爸爸就说："在这个家里，爷爷奶奶是长辈，从今天起，一家之主就是爷爷奶奶，我们做晚辈的，不是非要听他们的话，但一定要尊重他们。"那时候，丁当还不知道爸爸说的是什么，但他清楚，在家里，爷爷奶奶是最大。所以他似懂非懂地点了点头。

说来奇怪，从爷爷奶奶来了之后，丁当好像一下懂事了，以前耍脾气不肯吃饭，现在每次吃饭前，他都会给爷爷奶奶先拿碗筷，等爷爷奶奶和爸妈就坐后，自己才拿起筷子吃饭。

以前动不动就说妈妈这里不好，爸爸那里不好，但现在也不说了，因为他发现，爸爸妈妈也是自己的长辈，也不该随意指责。

这里，丁当为什么一改以往的脾气、变得懂事了，这是因为爷爷奶奶的到来，以及爸爸打的"预防针"，让他明白了在家里长幼有序的道理。

的确，家庭中爱心和亲情要靠父母精心营造，父母要用爱熏陶儿童的心灵，要从一点一滴的小事着手塑造和培养，其中就要在家里逐渐建立长幼有序的家庭秩序，这样，能防止儿童对抗与顶撞父母，让他们学会尊重长辈。具体来说，我们需要这样引导：

1.家长要尊重父母

当着儿童的面，不可以说任何对长辈不敬的话；当着孩子的面，不可以高声顶撞自己的长辈，无论出于什么原因；和儿童一起孝顺爷爷奶奶。

父母去看望自己的父母（孩子的爷爷奶奶、姥姥姥爷）时，要带上儿童一同前往，让儿童亲眼看看父母是怎样孝敬父母的。

小伟虽然才读小学，但因为父母忙，他被送进了外地的一所寄宿学校，前段时间，他的姥爷病逝，有人说，孩子离家比较远，就不让他回来吧。可是他的爸妈毅然决定让孩子回来参加姥爷的发丧、火化、吊唁、追悼会、下葬等活动。小伟自始至终陪伴着妈妈，他一次又一次地看到妈妈哭得柔肠寸断、死去活来的情景，自己也一次又一次地潸然泪下，泣不成声，内心受到巨大的震撼。他感受到了人失去亲人时是怎样的痛断肝肠。

小伟父母对儿子的教育是正确的，可以说，这种亲情体验比孩子考试多考十分八分要重要得多。

2.及时表扬儿童的孝顺行为

儿童表现出对爷爷奶奶等其他长辈的孝敬，要愉快接受，并且及时加以表扬，最好逢人就夸。

3.父母应该建立一个良好的家庭秩序——长幼有序

父母应事先确定一些准则,作为父母,不能轻视家中的老人。而孩子的什么行为可以接受,什么不能接受,一定要坚持原则,毫不含糊。当儿童对他所知道的界限,以一种傲慢的态度肆无忌惮地进行挑衅时,要让他觉得后悔。不能让他们当面取笑父母,藐视他们的权威,甚至把父母当成出气筒而不受谴责。当然,批评儿童错误行为时,不要夸张,要就事论事,不要贴标签,戴帽子,言简意赅。不要喋喋不休地讲个没完没了,让对方厌烦。

有一个孩子,在10岁的时候,爸爸犯了一个错误,偷看了他的日记。结果那个孩子知道了,不依不饶,连续几天不和父亲说话,无论爸爸怎么道歉都没有用。最后爸爸非常痛苦,觉得自己的错误是不可原谅的。

其实,这个事情很简单,爸爸偷看儿子日记,自然是爸爸不对,但是儿子在爸爸已经道歉的前提下,还继续惩罚爸爸,就是儿子的不对了,他忘记了孝顺爸爸和宽容爸爸。整个家庭不能没有主次之分,一个家庭一定要建立一个良好的秩序,这样家庭成员在这个秩序里才能互相尊重、关爱、和谐运行,家庭才越来越稳固和幸福。这个孩子和爸爸都忽视了家庭当中的一个大原则。当小原则和大原则冲突时怎么办,一定要让步给大原则,一个家庭必须建立起一个大的原则和基本的秩序来。要懂得维护自己的权利,但更要懂得孝顺和宽容,后者是大原则。

4.孝心是拿来做的，不是拿来说的

做父母的，一定要身体力行，儿童才能效仿。那种"只爱自己的妈妈，不爱丈夫的妈妈"的现象，在年轻妈妈中相当普遍。很多妈妈在婆婆面前，不称呼"妈妈"，在婆婆背后，称孩子的奶奶叫"老东西"，这对儿童造成的影响是极为不利的。

一切对儿童的教育要建立在对父母的效仿上，这是毋庸置疑的，每个儿童就像是一张空白的纸，如何把这张纸描绘成色彩斑斓的蓝图，就需要父母的教育，培养儿童的孝心，家长必须身体力行，让儿童去体会，去感受！

我会改正的

——允许儿童犯错，让儿童在错误中成长

古人曰："人非圣贤，孰能无过。""圣贤"也是会犯错误的，而对于成长期的儿童来说更是如此，作为父母，我们要明白，允许儿童失败，儿童才有可能真正成长起来，因为每个孩子都是在犯错误中成长起来的，这是他们的心理特点决定的。他们有一个共同的心理特点，就是好奇心重，面对丰富多彩的现实生活，心中充满了各种疑团，对周围的一切都想探明个"究竟"。由于好奇心的驱使，不管该做或不该做的事情，能做或不能做的事情，他们都要去探究一下，去尝试一下，结果可能导致了犯错误。而捷尔任斯基说："拷打、严厉和刑罚永远不能作为一种影响儿童的心灵和良知的好办法，因为它们时常留给儿童的印象，就是成人的暴行。"暴力、严厉和拷打是很多父母解决儿童犯错误的重要手段，目的是让孩子记住错误，可实际上，这些都对孩子的心灵成长产生了严重的负面影响。

其实，父母要明白的是，孩子犯错，重在帮助他改正错误，在错误中锻炼自己，惩罚并不是目的。对于犯错误的儿童，只要不是"罪不可赦"，挽救比"绳之以法"要重要得多。但在现实生活中，很多对待犯错误的儿童的挽救方式方法有时过于简单，常常发生这样的事，有的儿童一念之差做错了事，马上就被贴上坏孩子的标签，甚至小题大做，使他在其他人面前永远抬不起头。

有这样一个故事：

有一匹狼，年纪渐长，厌倦了经常去山下打扰村民的生活。

于是，一天，他出发去村里找牧羊人和解，他向牧羊人说："其实，我并非天生是坏胚子，只是肚子饿的时候才会猎杀你的羊群。只要我填饱了肚子，我就是一只最温顺友善的动物。"没想到，这个牧羊人根本不相信它的话，拿起棍子驱赶走了它。

狼来见第二个牧羊人，告诉牧羊人："我可以咬死你很多羊。可是如果你一年提供我六头羊，我就不来打扰你的生活。"牧羊人根本不相信狼的话，也驱赶走了狼。

狼继续找第三个、第四个、第五个牧羊人，结果，大家的反应都一样，到了第六个牧羊人时，牧羊人直接抄起家伙，准备打死老狼。

此情此景下。老狼彻底被激怒，它受不了别人的冷嘲热讽，为了证明自己的厉害，冲进牧羊人的家宅，咬死他们的孩子和羊只，造成无法估计的损失。

事后，后悔不已的牧羊人说："老狼年岁已高，已经决定改邪归正，但是我们根本不给它机会，逼得它走投无路，甚至不给它一个改过自新的机会，这是我们的不对。"

这一故事告诉现实生活中的父母，儿童犯错，父母应该创造条件让他认识到自己所犯的错误，并且给他自己改正错误的机会。假如和那位牧羊人一样，把孩子"一棍子打死"，儿童一旦辩解便是一顿惩罚，这样做的结果在儿童心理留下了"弱者只能屈服于强者"的印象。这样容易使儿童产生自卑的心理，长此下去，即使有理也不申辩了，即使有改过的想法也磨灭了，这对培养儿童独立的人格并没有好处，甚至会把自己和孩子的关系逼上一个绝路。

那么，作为父母，应该怎样帮助儿童认识到错误，从错误中锻炼自己呢？

1.帮儿童找出犯错误的原因

儿童犯错是不可能避免的，不要大惊小怪，应正确对待，弄清楚儿童犯错误的原因。从年龄角度出发,儿童有犯错误的"权利"。由于他们年龄小,经验很不足,辨别能力又很低,再另外,由于他们缺乏抵制能力和自制能力也是他们经常犯错误的原因。除此外,错误的模仿也是他们犯错误的一个原因。他们往往模仿成人的一些错误言行,从而使得自己犯了错误。应该指出,儿童犯错误除了有其年龄特点外,也还有教育上的不善。

2.晓之以理,动之以情

我们要让儿童感受到父母的爱,儿童才会以同样的情感回报父母。孩子需要父母的关爱,这对于他们成长如雨露和阳光,一句简单的寒冷问候,一声简单的生日祝福,都会给他们带来温暖,给他们增添信心和勇气,种种爱的言行都会感化着儿童的心灵。

3.适当表扬,鼓励儿童的自信

美在纯真,美在坦诚,有些错误是无心之失,当儿童犯错误时,不要一味地批评,怒视受批评者。不妨要大方一点,"恩赐"我们的表扬,让儿童去感受更多的温暖,去体

会更多的快乐。

总之，儿童都还处在成长阶段，偶尔会犯下错误，父母应该允许他犯错误，重要的是儿童犯了错父母怎样帮他们认识错误，并能从中吸取教训而自觉地改正错误。我们对儿童的教育需要注重技巧和方法，惩罚绝不是目的，给儿童几次悄悄改正错误的机会，使他们回到健康发展的轨道上来，这才是父母教育的根本目的。

第06章

拒绝孤独，鼓励儿童与小伙伴"相亲相爱"

对于成长中的儿童而言，他们主要的人际关系有三种类型：同伴关系、师生关系、亲子关系。当儿童在学习、生活上遇到挫折而感到愤懑时，向知心挚友一席倾诉，就可以得到心理疏导，身心也就更健康，学习更有劲。而那些孤僻、不合群的孩子，往往有更多的烦恼和忧愁，甚至影响正常的学习和生活。作为父母，我们要明白的是，帮助儿童提高交际能力是家庭教育的重要内容，要做到这一点，需要我们家长关注儿童成长、帮助孩子真正学会如何交友，如何与小伙伴"相亲相爱"！

为什么受伤的总是我
——引导儿童学习如何保护自己的权益

作为父母，我们都知道，在传统教育中，忍耐和礼貌、尊老爱幼等内容一起，都作为一种美德教育传授给儿童。其实，即使在现今强调竞争的社会中，学会忍让仍然还是一种美德，仍然是一个优秀孩子的必备品质，重要的是，父母应如何智慧地教育和引导儿童，在谦逊知礼的同时，还应有自信心和竞争力，还要懂得维护自己的权益，以适应今后的社会生存。

当然，让儿童学会在人际交往中保护自己，需要我们父母从小教育，要让他们懂得忍耐不是懦弱，告诉他们当自己的权益被人侵犯时，绝不能坐视不理，要有着强烈的"维权意识"。那么，父母到底怎样来让孩子明白懦弱和忍耐的区别，让孩子既能自信，又不飞扬跋扈呢？家长不妨做到：

1.避免教育的两极分化

我们都希望儿童能自信、有勇气，能学会保护自己，然而，不少父母陷入了教育的两极分化中，要么是过度保护，要么是吓唬儿童，一个从小生活在父母的拳打脚踢中的孩子总是心怀恐惧，比如有的家长经常用一些刺激性语言吓唬孩子，给孩子讲"鬼怪"故事，本来是想让孩子听话、老实，没想到却生成了孩子性格上的缺陷。还有的家长虽然意识到了吓唬孩子不对，却又走到了另一个极端。当孩子表现出胆小或正在害怕时，家长又表现出过分的关心和爱护，把孩子紧紧地搂在怀里千哄万哄，不离左右，为他忙前忙后，甚至把平时孩子最喜欢的吃的、玩的一并送上，想借此打消他的懦弱心理。其实这两种方法都无法让儿童真正获得勇气，也无法在人际交往中保护自己。

其实，正确的教育方法是，当儿童感到害怕、凡事退缩时，家长要多加鼓励。要明确孩子怕什么，针对儿童所怕的事物进行科学的解释和适当的安慰。家长平时也要有意识地从正面对儿童进行勇敢教育。可以给孩子讲一些少年勇敢的故事，以激励儿童锻炼自己胆量和意志的决心和自信心。

比如，孩子不敢一个人去厨房或者厕所，家长就可以训练他单独去干点什么，"去帮妈妈把厨房里的杯子拿来，我急等用。"一般懦弱的孩子在晚上天黑之后，听到让他去厨房，就会有些犹豫，如果家长说些"别怕，那儿什么都没有"之类的话，或者见孩子有些犹豫就干脆大声斥责"胆小鬼"，只能加重孩子的害怕心理，让他觉得干这件事很发怵，儿童需要用温柔的方式去呵护，而不是"摧残"，家长需要换一种说法，用很平淡的语气对孩子说："我要蓝色的那个杯子"或者"请你帮我把两个杯子全拿来，我等着倒水呢。"孩子的注意力就会转移到你让他干的事情上,"拿几个,什么颜色的"而不会在意去哪儿,那个地方怎么样。当孩子回来后,家长应给予口头奖励和物质奖励,增加他的自信心和荣誉感。尤其是当孩子主动表现出勇敢和其他正常的、胆大的行为时,家长更该及时鼓励,这样通过反复强化训练,孩子的胆小懦弱就会逐渐纠正过来。

2.当儿童的"权益"被"侵犯"时,家长要正确引导

比如,当他被别的小朋友欺负时,要让他学会和别人理论,理论无效时,你不妨放手,让他用孩子之间的方式解决问题,要有意识地忽视他这种不满的情绪。

3.放手让儿童成长

很多懦弱的儿童都属于环境适应能力较弱型,这可能和儿童的性格有关,这些孩子大多性情沉静、沉默寡言,虽然易形成勤勉、实事求是等优点,但也可能发展成消极、懦弱等倾向。这些在长辈的过分疼惜下,穿衣洗脸、剥鸡蛋等小事都被家长包揽,这剥夺了儿童社会化发展的机会,这是造成儿童性格懦弱的主要原因。放手让儿童成长,是解决这个问题的关键。

4.营造宽松环境,让孩子更自信

在强化孩子的自信、克服他的胆小懦弱时候,不能操之过急,也不能采取压制的手段。有些家长"恨铁不成钢",整天大声地斥责儿童,"你怎么这么废物""胆小鬼",结果儿童受这种消极暗示的影响,会更觉得自己不行,什么都不敢做,哪儿都不敢去,胆子会越发变小。

家长应该多想些办法，在自然、宽松的环境中，使儿童的潜意识发生变化，由于这种变化是在无意识中进行的，儿童易于接受、且效果比较好。

克服儿童的懦弱心理，是让儿童骄傲、自信的根本目的，但同时，也要让儿童学会忍让，"海纳百川有容乃大"，人生本身就是大海，会忍耐的儿童才拥有大海般宽广的胸怀，这样的儿童才会在未来生活中用人格魅力征服别人，才不会为一件小事就发脾气、一言一语就起争执，这样的儿童才会成功、得到尊重，生活才更美好！

小朋友不带我玩
——引导儿童如何交到朋友

圆圆今年三岁半了，以前妈妈让她跟别的小朋友一起玩，她总是推辞，往妈妈身后躲，但从今年开始，圆圆好像完全变了一个人，妈妈带她到公园玩，不到一会儿，她就跑到其他孩子身边去了，孩子爱交朋友是好事，但妈妈却担心一点，圆圆好像并不是很受人欢迎。

今年圆圆上了幼儿园，但她不喜欢别人碰她的东西，也不喜欢跟人分享，回家后，妈妈问她为什么不愿意跟其他小朋友交换玩具，圆圆说："那是我的玩具，我为什么要给他们玩？"妈妈告诉圆圆："要交到好朋友，就要懂得付出啊，你愿意把玩具让给其他小朋友，他们也会愿意让给你，这不是很好吗？"圆圆若有所思地点点头。

故事中的圆圆为什么突然喜欢交朋友了？这是因为孩子到了人际关系敏感期，随着他们不断成长，孩子开始学会认识自己、形成自我，所以也开始学会和同伴交往，表达自己的感情了。

其实，孩子人际交往敏感期就是从分享食物和一对一的玩具交换开始的。人类友谊的常青藤从幼儿期就开始萌芽了，可是怎么样建立友谊，怎样化解人与人之间的分歧和矛盾，让我们拥有更多的朋友，得到别人的认可，恐怕很多成年人都觉得无所适从，然后当我们还处在儿童阶段就开始了人与人之间的探索。很多家长意外地发现懵懂的孩子刚上幼儿园就已经有了一个属于自己的小群体，这到底是为什么呢？实际上，这正反映了孩子正处在人际关系敏感期。

这样的过程才会符合孩子心理成长的规律。孩子们在一起的玩耍当中，他们的人际关系逐渐建立起来了，他们平等地交往着，他们学会了承受、判断、如何与人说话、如何揣摩别人的心理，这奠定了他们人际交往的基础，这段时间对于孩子们来说实在是太重要了，他们需要大人的理解，更需要大人有技巧的帮助。

那么，父母怎样引导儿童交到好朋友呢？

1.鼓励儿童在平等的原则上交友

在孩子交友的过程，要教育他们信赖朋友，珍惜友谊，不要轻易地怀疑、怨恨、敌视他人，不允许无故欺侮弱者。

2.培育儿童关心他人，爱护他人，助人为乐的高尚情操

孩子无论在学校或家庭里，都要养成这样的好品德：在家尊老爱幼，在校尊教师、爱同学。因为只有关心别人，才有可能与别人合作。

3.尊重孩子的朋友，并适度表明自己的倾向

孩子在同伴交往中，会逐渐形成自己的交友倾向，选择自己欣赏的、与自己脾气、性格合得来的小伙伴作为自己的好朋友。这个时候，父母要尊重孩子，与孩子一起发掘小伙伴的优点和长处。比如，跟孩子聊一聊"为什么你更喜欢××小朋友啊？""××小朋友是不是很有礼貌？很爱帮助别人……""妈妈也喜欢××小朋友，因为妈妈觉得他……"在这个过程中，孩子会受到父母的引导，知道哪些是好的品质和行为，自己应该模仿和学习。

4.不要给孩子限定小圈子，鼓励孩子与更多的伙伴交往

虽然每位家长都承认，让孩子增广见闻，让孩子多接触不同的人和不同的环境对孩子的身心发展是有帮助的，但在现实生活中，却免不了想要为孩子划定一一个小圈子，建造一个小温室。但凡遇到自己认为"不好"的孩子，就会想要告诫自己的孩子不要跟对方玩、尽量离对方远点……

这么做，容易引导孩子在人际交往中有更多功利的原则和想法。有些孩子则可能充满迷茫，逐渐不知道该如何选择朋

友、跟朋友相处。还有一些孩子出于逆反心理，偷偷与父母认为"不好"的朋友密切来往。总之，父母这样的"良苦用心"不但不能帮助孩子更好地社会化，反而会影响他们的社会交往行为和同伴关系建立，对他们的心理发展产生不利影响。

友谊是朋友之间的一处亲密感情，是道德品质的重要内容，它是人类最优美的情感之一。对于我们许多人来说，一生中最温暖如春又真情永驻的友谊是在幼年时期培养起来的。所以作为家长，应当积极主动、认真负责地帮助孩子从小学会结交朋友，建立友谊。

老师，××又打我了
——儿童喜欢告状惹人厌怎么办

在家庭教育中，相信不少父母发现孩子喜欢说这样一些话，比如：

妈妈，××今天上课偷我的笔了！

老师，××在后面扯我头发！

妈妈，爸爸又在玩游戏了。

……

有时候，甚至还伴随着谎言：

妈妈，今天老师把我的头打肿了！（其实只是被蚊子叮的

包还没有消下去）

妈妈，今天我被××小朋友踢了一脚！（其实只是做游戏时不小心绊倒了。）

……

有的家长对此表示担忧：孩子这么小就喜欢告状，长大以后是个"是非精"怎么办，这样的孩子谁喜欢？

其实，"告状"频发的年龄多为4~7岁，在这个年龄阶段，孩子会开始建立"自我意识"，开始明白"你的""我的"这些改变，然后有了一定的逻辑思维能力，也有了一些是非观，为此，在发现他人犯了任何错误后，都会寻求一个信任和崇拜的人来告状，而且，指出他人的错误，也能让他们有成就感。

所以在这些孩子看来，"告状"是快乐的，只是孩子们自己的心智都不够成熟，又怎么能够体会到别的孩子的心情呢，自然不会明白为什么"告状"是错误的行为了。

作为父母，我们都希望培养出来的孩子是一个懂礼貌，讲道理，不爱说三道四的好孩子。虽然"爱告状"这件事是很多小孩子的共性，但如果应对不当，对孩子们以后的身心发展还是有很大影响的。

那么，我们该如何让孩子改掉"告状"的毛病呢？

以下是一些建议：

1.告诉儿童什么是"告状"，以及"告状"是遭人厌恶的

正所谓"不知者不怪"，我们的孩子虽然喜欢告状，但是

他们毕竟还是孩子，并不知道告状这种行为在我们的社会生活中是被人们厌恶的，这个时候家长如果单纯地认为孩子错了，严肃要求孩子不要再进行这样的行为，而孩子不会明白自己为什么会受到这样的对待，就会觉得委屈。

同时，孩子向你告状，这是因为你在孩子眼里是值得他信任和崇拜的人，能帮他解决一些问题，你是非常可靠、值得信赖的，而如果我们只是一味地禁止孩子的"告状"却不加以合理的引导和解释，孩子的内心是非常受伤的，他们会觉得自己不知道怎么回事就被家长嫌弃了，会很悲伤。

在和孩子的交流中，我们可以明确告诉孩子，"告状"的行为是不好的，不要去针对别人做错事的行为做出反应，因为每个人都会因为自己做错了事情而觉得害羞、惭愧，当你直接将别人做错事的行为告诉给老师或者家长时，别的孩子的感情就会受到伤害，会觉得你不喜欢他们，所以我们不应该把自己做对了事情的成就感和快乐建立在别人做错事的惭愧之上。

让孩子懂得"告状"的概念，告诉孩子别人为什么会讨厌"告状"的人，以及如果别人告自家孩子的状，"你也会一样很难过"，用感同身受影响孩子的感情。

另一方面，儿童在年幼的时候都是有向大人求助的习惯的，在孩子遇到凭自己的能力解决不了问题的情况时，孩子就会寻求大人的帮助，而孩子往往不会明白为何在人际关系中，向大人求助解决"对错纠纷"为何就成了"告状精"。

因此家长在引导孩子消除"告状"的错误行为时,也要注意给孩子区分"求助"与"告状"的区别,向孩子说明"求助"并不适合用于人际交往之中。

2.以身作则告诉儿童"对错"而不是"是非"

其实,和儿童"告状"的行为类似,我们成人经常也会八卦别人的是非,并会因此而感到快乐,因此,我们若想改正孩子的"告状"行为,首先也要做到以身作则,不谈论他人是非、不八卦,要更加严格地要求自己,给孩子做出榜样,用自己的行为告诉孩子什么是对的,什么是错的。

3.鼓励儿童自己寻求解决办法

孩子之间的感情是比较单纯的,出现问题也是比较容易解决的,当我们告知了孩子"告状"行为的不妥后,也要教会孩子如何处理人际关系中的矛盾,不过,我们最好让孩子自己去处理,比如,当孩子决定将自己的零食、玩具分享给小伙伴,来借此解决矛盾时,我们家长不要过分干涉和斤斤计较,尊重孩子的决定,在平时注意保管贵重物品,给孩子建立合理的价值观,孩子也就不会做出一些太过违反常理的事情。

其实,即使偶尔出现一次"告状"的行为,也不会造成长时间的"孤立"现象,往往过几天矛盾就会消除,小孩子们就又会玩到一起去。

但是家长一定要对孩子"告状"的行为及早进行引导,让孩子从事件的根源上理解"告状"的不好之处,避免再次发生这样的情况，毕竟大家都讨厌打小报告的人，不分年龄和阶层，一次两次没什么，次数多了大家就不会再原谅"告状精"了。

总的来说，作为父母，当我们发现儿童有了"告状"行为时，不必看得太过严重，其实在儿童的意识里这种行为是向大人求助的一种方式，只是"告状"的特殊表达方式在人类的交流方式中，并不受欢迎、很容易被其他人讨厌罢了，是一种没有情商的行为，我们只需要正面向儿童解释，并且加以正确的引导，就可以让儿童改掉这个行为。

拒绝了小伙伴，怕别人不喜欢我
——教会儿童如何拒绝小伙伴

生活中，作为父母，我们都希望儿童从小懂得与人分享，养成慷慨、大方、谦让的美德。但任何事情都要讲究一个度，若是轻易承诺了自己无法履行的职责，将会带给自己更大的困扰和沟通上的困难度，这就需要学会拒绝别人。然而，在现实生活中，不少父母经常向儿童灌输这样的思想："要多帮助别人，拒绝他人的人不受欢迎"，并且，这样的父母在生活中也是不懂拒绝他人的人，但其实他们自己也知道，不懂拒绝，让他们的生活平添了很多麻烦，实际上，对于成长中的儿童来说，懂拒绝且善于拒绝，也是他们自尊自信的表现，才更能得到喜欢与青睐。

"妈妈，涛涛又让我借钱给他，真烦人。"儿子跟妈妈抱怨道。

"帮助同学不是应该的吗？"

"可是他借钱是买零食吃，我自己零花钱也很少，他借了又不还，我也不知道怎么拒绝他。"

"乖儿子，你是个善良的孩子，但帮助别人也要有度的，别人能做到的事，却让你去帮忙，你就不该答应，你要知道，'好好先生'总是会被别人欺负……"

案例中，妈妈的话是有道理的，毫无原则地帮助别人就会成为一个吃力不讨好的"好好先生"。诚然，人生在世，谁都会有求于人，正是深知这个道理，我们对于别人的困难也常常伸出援助之手。但对别人的请求，总不能事事都答应，对有些自己力不能及的、违反原则的、出力不讨好的、付出精力太多的请求，不得不加以拒绝。不善于拒绝别人的人是一个没有原则的人。

可能不少儿童会误认为，"我只有顺从和帮助别人，才能变得可爱"，这样，你只会成为别人口中的"好孩子"，对于任何人的任何请求都来者不拒，而最后你会发现，自己已经筋疲力尽，却"吃力不讨好"。甚至使自己成为一个"取悦别人"的人。如果你是这样的人，那么这种情况将会恶性循环，使得你身边的人都希望你随时随地在他们身边，为他们服务。不会拒绝让你疲惫，感到压迫和烦躁。不要等到你的能量耗尽时，才采取行动。

当然，教导儿童学会拒绝别人这个过程也需要我们父母的引导，因为拒绝别人实在不是一件容易的事。有些孩子在拒绝对方时，因感到不好意思而不敢据实言明，致使对方摸不清自己的意思，而产生许多误会，同时也容易给自己心理造成压力。大胆地拒绝别人，是相当重要却又不太容易的事情。教会孩子学会拒绝别人，将使孩子受益终身。当孩子没有勇气拒绝的时候，家长就可以尝试下面的几种方法。

1.教儿童泰然接受他人拒绝

在日常生活中，即便是在儿童小的时候，作为父母，你也应该在孩子头脑中强化一个概念：别人的东西不属于我。这样，也就明白了被人拒绝的必要。

2.让儿童坚持自己的决定

有些儿童不敢拒绝同伴的要求是因为害怕别人不跟自己玩，害怕被孤立，于是，别人要什么东西，他就会拱手奉送，可是，事后他就后悔了。这种情况就是平常说的"没志气"，常发生在年龄较小的孩子当中。

这就需要家长逐渐培养儿童的果敢品质，自己说过的话、做过的事，就应该勇敢承担起责任来，自己拒绝同伴后就应该承担起受冷落的后果，而不是过后就反悔。

3.教儿童正确认识"面子"问题

儿童不敢拒绝他人还可能是为了照顾面子。比如，虽然自己的钱都是父母给的,但当别人来借钱去玩游戏时,为了面子还是借给别人。有些孩子甚至发展到别人叫他去做一些不合纪律的事情也会违心去做,而事后却遭到老师的批评。可见,让儿童会拒绝就应该教孩子正确区分面子。

4.教给儿童委婉拒绝的技巧

拒绝别人的某些无法接受的要求或者行为时,妈妈要教给孩子应注意的方式、方法,不可态度生硬,话语尖酸。你要告诉儿童,先不要急着拒绝对方,可采用迂回委婉的方式说明自己的实际情况,既不违反自己主观意愿,还可以给对方一个可以接受的理由。以下是几种委婉的、儿童可以学习的方法:

(1)让儿童学会用商量的语气和别人说话。告诉孩子,拒绝别人有时要和对方反复"磨嘴皮子",直到对方认可。如此,就巧妙地拒绝了对方,避免了一场冲突。

(2)让儿童学会间接拒绝别人。开门见山,直截了当式的拒绝,犹如当头一盆冷水,使人难堪,伤人面子。父母要教会孩子学会先承后转的方法,这是一种避免正面表述、采用间接地主动出击的技巧。即首先进行诱导,当对方进入角色时,然后话锋一转,制造出"意外"的效果,让对方自动放弃过分的要求。

(3)教儿童用语气的转折。告诉儿童,当不好正面拒绝时,可以采取迂回的战术,转移话题也好,另有理由也可以,主要是善于利用语气的转折:首先温和而坚持,其次绝不会答应。

（4）教儿童学会推迟别人的请求。如果儿童不想答应别人的请求，父母可以教孩子用一拖再拖的办法，推迟别人的请求，比如说"我想好了再跟你说""我再考虑考虑"等，这都是一种委婉拒绝别人的方法，别人也会从儿童的推迟中，明白他的意图，也不会使双方过于尴尬。

总之，父母所要做的，就是教会儿童如何平和地、友好地、委婉地、商量地拒绝别人的要求，同时泰然自若地接受他人的拒绝，而不是为儿童解决、包揽问题。

我就喜欢小朋友都听我的
——告诉儿童霸道的孩子没人爱

我们都知道，现代社会的家庭里，孩子往往是家中的"小皇帝"和"小公主"，基本过着"一个中心"的生活，这容易养成孩子以自我为中心的行为习惯，在与人相处的过程中，给人留下霸道的印象。

其实，这样的状况对于成长中的孩子来说是危险的，每个孩子都希望有一种自我价值感和归属感，这是他们不断努力和奋进的动力，但周围同伴的隔离使得这些孩子变得离群索居，长此以往，会阻碍孩子交到真心的朋友，也会阻碍孩子良好的人际关系的形成。

5岁的露露虽然是个女孩，但却很调皮，她在幼儿园俨然是个老大，大家都怕她：老师让小朋友们排队离开教室时，她总是要排在第一个；老师让大家做游戏，她在地板上爬来滚去地疯；小朋友们正在唱歌时，她要站在台上乱吼一通；她还要求所有女孩子都听她的，她喜欢的玩具就要独占，不让其他小朋友碰……

后来，其他小朋友每每看到露露来了，都悄悄躲开，露露感到很孤单。

很明显，幼儿园的小朋友都不喜欢露露这样的孩子，因为谁也不喜欢霸道的人，谁也不喜欢被干扰，对此，如果你的孩子也很霸道，一定要循序渐进地纠正，以下是一些建议：

1.为儿童营造和善、有爱的家庭氛围

相信不少父母在与儿童产生争端时，都可能说出这样的话："你滚吧！想去哪里就去哪里！"而孩子也会赌气与父母争吵，双方陷入僵持不下的阶段，久而久之，孩子的脾气越来越大，也就养成了霸道的个性，而这又滋养了孩子更多的坏心态，如消极、悲观、自卑、浮躁、骄傲、自大、贪婪、偏执、嫉妒、仇恨等，它们就恰似愁云惨雾的阴霾，浓烟滚滚的烈焰，消磨孩子们的意志，炙烤儿童们的心魂。

而相反，相互关爱的家庭，孩子会多一份责任感，会体会到家长的艰辛，这样的孩子往往是积极向上的，也更懂得体贴他人，自然不会霸道。

2.告诉儿童没人喜欢被别人呼来喝去

当儿童出现霸道的行为时,可以把孩子放在一个安静的无人区域中,但要在父母视线范围内,不理会儿童任何的哭闹行为。在孩子情绪渐渐稳定后,与儿童尝试沟通,并且讲述不可以霸道的理由。

帮助儿童改正霸道行为的第一步是先要进行认知上的抑制,要让儿童认识到霸道行为只会让人讨厌,是交不到朋友的,相反,那些关心他人、谦逊、懂得合作的人是受人欢迎的,我们要这样引导孩子:"今天你和别的小朋友在玩游戏的时候,我一直在旁边观察,你知道吗,正因为你喜欢指挥他们,他们都不愿意和你玩了。""你打开电视的时候,因为没有问小伙伴们想要看什么动画片,他们可都有点不大高兴了呢。"

3.告诉儿童要懂得分享

谦让是中华民族的美德,大多数父母也都明白一个道理,即孩子最终要走向社会,要在群体中生活。与人分享,才能得到别人的信任、支持和尊重,因此,父母们希望自己的孩子学会与人分享,养成慷慨、大方、谦让的美德。

实际上,由于家庭教育的缺失,尤其是父母的溺爱,很多孩子自私自利,不愿意与人分享,这对儿童成为一个合格的社会人是极为不利的。在现实生活中,自私、不愿意与人分享的儿童并不少见。这虽然不是什么大毛病,但如果是一个什么都不愿与他人分享,霸道的人是很难与他人形成良好的人际关系的。所以，从小克服儿童的自私，培养儿童与他人分享的意识很重要。

4.鼓励儿童大胆交朋友

友谊是每个孩子童年的重要组成部分。对孩子来说，结交朋友似乎是这个世界上最自然不过的事情。在交朋友的过程中，儿童也能认识到自身的缺点，也能懂得从朋友的角度来思考问题，进而逐步克服霸道的缺点。

总之，我们要让儿童明白，友谊是一笔宝贵的财富，而要获得友谊就要懂得从他人角度考虑，就不能霸道，这样，你的孩子会一生受益无穷！

第07章

尊敬师长，引导儿童和老师之间架起沟通的桥梁

生活中，很多父母尤其是妈妈从十月怀胎到养育孩子，耗费了精力和时间，他们认为，只要孩子上学了就好了，就可以撒手了，但其实，把儿童完全丢给老师是不负责任的表现，要知道，老师要同时管教很多学生，我们要想让儿童在学校学有所成，必须做老师和学校的后盾，在儿童和老师之间架起沟通的桥梁，这样，儿童才能学会尊敬师长，才能成为爱学习、懂礼貌的好孩子。

老师太辛苦了
——告诉儿童要尊敬和爱戴老师

有人说,教师是太阳底下最光辉的职业,这句话一点也不假,老师从踏上岗位的那一刻起,就无私地奉献着自己的青春。即便老师对学生严厉,也是希望学生学好,要问老师希望得到什么回报的话,就是希望看到学生成才、成熟,希望看到学生从自己那里学到最多的知识。

而对待老师,一些儿童为了证明自己,对老师所要求的总要"逆反"一下,甚至故意去触犯一些"清规戒律"。对老师言听计从的"乖学生"常常受到同伴的嘲笑和讥讽。在他们看来,老师的谆谆教导总是不近情理,老师的苦口婆心实在是婆婆妈妈。

一次调查发现,同学们最喜欢的老师是热爱学生、理解学生的老师。其实,理解是相互的,学生需要老师的理解,老师同样需要学生的理解。一位老师十分感慨地说:"清贫、艰辛、工作任务繁重其实算不了什么,最伤脑筋的是某些学生只要求老师理解他们,而他们却一点也不去想想该怎样理解老师。"

尊敬师长，引导儿童和老师之间架起沟通的桥梁　第07章

一位三年级的老师在教师节那天接到学生的来信，心里喜滋滋的，在办公室里一次又一次地念道："三年来，您在我的学习上给予了很多的帮助，在我的思想方面也给予了莫大的关心。现在想来，觉得自己真是很幸运，能够遇到像您这样的好老师……"一连几天，这位老师讲课都格外精神。他为自己在学生的心目中是那么称职、那么亲切、那么令人钦佩而感到由衷的愉悦，和自己的学生在一起其乐无穷。

的确，不少父母知道养育孩子的艰辛，而其实，教师培育学生，也是如此，因此，我们要告诫儿童，在学校要遵守校园礼仪，要尊重和爱戴老师，这也是师生和谐相处的前提。

我们来看下面的案例：

二年级有个男孩叫小海，一次数学测验，下课铃响了，小海还在埋头答题，数学老师催了几次，他都跟没听见一样，仍在做题，老师发火了，走过去夺卷子，小海用手一按，卷子撕破了，数学老师怒气冲冲地拿着卷子走了。小海在当天的日记里写道："我恨死数学老师了，今后，我上课不听她的课了，在路上遇到她，我也不和她讲话！"于是，就这样，小海由一个数学尖子生成绩一路滑坡，在后来的考试中，成绩也是一次比一次差。

其实，有很多和小海一样的儿童，不喜欢某一位老师，于是不愿意上那位老师的课，作业不爱做，勉强应付，结果师生关系日益恶化，学习成绩严重滑坡。

其实，我们要告诉儿童，不管老师做什么，他的出发点都是为了学生，希望学生能成才，老师就是孩子的第二个家长，因此，当儿童还小时，就要引导他正确理解老师的职业，告诉他，一定要尊重老师，具体来说，我们可以这样做：

1.在儿童还小时，就告诉儿童要尊敬老师

我们要告诉孩子，到了学校，要礼貌地打声招呼，老师都喜欢有礼貌的学生，另外，告诉他要用实际行动尊重老师的劳动：上课认真听讲，不破坏纪律，把老师留的作业保质保量地完成。

2.告诉儿童，一定要和老师搞好关系

我们发现，一些儿童，与哪个老师关系比较融洽，喜欢上哪门课，哪门成绩就好；如果与哪个老师关系不和谐也会殃及那门课，这大概也是爱屋及乌的反映吧。

的确，学生的大部分时间在学校里，就免不了和老师交往，一些儿童见到老师就躲，或者顶撞老师，而其实，孩子不明白的是，其实老师是他的恩人，不管老师喜不喜欢这个学生，他都会努力教好每个学生，学会尊重老师，他会收获不少！

对此，我们要让儿童认识到和老师搞好关系的重要性，与老师融洽相处，他们才有学习该门课程的兴趣和动力，也才能让老师更多地指点他。

3.让儿童勤学好问，虚心求教

我们要告诉儿童，不管他喜欢不喜欢这个老师，都要承认，老师之所以能成为老师，必当够格教他知识，老师从年龄、学问、阅历上的水平肯定是高于他的。

所以，我们要教导儿童向老师虚心求教，好问不仅直接使学习受益，还会增多、加深和老师的交流，无形中就缩短了与老师的距离，每个老师都喜欢肯动脑筋的学生。

4.告诉儿童犯了错误要勇于承认，及时改正

人无完人，成长中的儿童更是如此，老师都喜欢知错就改的学生，也愿意指正，而一些孩子，明知自己错了，受到批评，即使心里服气，嘴上也死不认错，与老师搞得很僵。也有一些孩子，"一朝被蛇咬十年怕井绳"，受过老师一次批评心里就特别怕那个老师，认为他是对自己有成见。而这都是没必要的，我们要告诉孩子，错了就是错了，主动向老师承认，改正就是好学生。老师不会因为谁有一次没有完成作业，有一次违反了纪律就认为他是坏学生，就对他有成见。

总之，我们要让儿童明白，老师是他的第二个家长，一定要尊敬、爱戴老师，和老师搞好关系，因为与老师关系融洽既可以促进学习，又可以学到很多做人的道理，会使儿童一生受益无穷。

你说东我偏往西
——儿童不服老师的管教，怎么办

作为家长，我们都知道，对于学龄期间的儿童来说，最重要的任务就是学习，而师生关系如何直接关系到儿童在学校的学习情况，儿童不服老师的管教，是很多家长头疼的问题，我们先来看看下面的案例：

柳先生五年前就离婚了，那时候，他的女儿小雅才3岁，而转眼，女儿已经上小学二年级了，人们都说单亲家庭的孩子难管教，柳先生现在才知道。而柳先生最担心的是小雅的学习，因为小雅严重偏科，通常来说，小雅在语文这门课上，都能考到高分甚至经常拿第一名，但数学却一窍不通，即使柳先生经常告诉小雅："学好数理化，走遍天下都不怕。"但小雅对数学还是提不起兴趣。后来，柳先生通过了解才知道，小雅最讨厌班上的数学老师，而这件事，则因为半年前数学老师对女儿的一次管教。

那天，柳先生急急忙忙下班回家，就开始做饭，稍后，女儿回来了。一进门后，女儿就把书包重重地摔在桌子上，柳先生不解："怎么了，这么大脾气？"

"没事，做你的饭吧，我不吃了。"说完，女儿又拿着书包回了房间。

晚上，无论柳先生怎么哄，女儿都不肯吃饭。

柳先生这才想起来，自打那次之后，女儿好像就不怎么做数学题、看数学书了。

可能很多儿童都被老师管教过，大部分的原因都不外乎上课不听课、打架、考试成绩差等，但这个年龄段的儿童，一般都不服老师的管教，这也就是为什么小雅会因此大发脾气。

那么，孩子为什么不服老师的管教呢？

1.逆反心理

随着儿童的成长，他们生理的变化也带来激烈的心理震荡。当他们把目光从外部世界转向内部世界以后，发现自己已不是原先的"我"了，幼儿时代的"我"变成了一个全新的"我"了。他们发现不但身体不是"我的"，就连个性也不是"我的"，而是父母、老师和其他人造就的。于是他们生气了。随之便与原来的"我"决裂，要求摆脱家长和老师的束缚，要求独立、自主，从原先的一切依赖中挣脱出来，寻求真正的自我，独立意识空前强烈。因此，如果老师管教他们，他们就会觉得又做回原先的"我"了，于是，他们急于发泄自己。

2.老师"不恰当"的管教

这里的"不恰当"指的是老师对学生的误解，比如，误认为学生偷了东西等。

另外，很多老师还沿用以前的"保姆式"的管教方式，而很明显，儿童渴望独立，很容易对老师的这种教育方法产生反感情绪。

3.繁重的课业负担

幼儿园时,儿童的主要活动是游戏、玩耍,而到了一年级以后,他们需要面临系统的学校学习,还要做家庭作业、考试。如果跟不上这种强度的变化,也会让孩子对老师产生逆反心理,进而不服老师的管教。

学习是每个孩子生活中最主要也是最重要的部分。但如果孩子不服老师的管教,甚至出现一些负面情绪,那么,很可能会导致其对学习产生厌烦情绪,甚至厌学等。

其实,每个孩子都希望能成为老师眼中的优秀者,希望老师喜欢自己,在学校里,师生之间的人际关系和谐、友好、亲密,就能使师生团结合作,提高教育活动的效果,因此,那些对抗也只是表面的,教师仍然是孩子的理想目标、公正代表,他们希望得到教师的关心理解与爱。

那么,作为父母,我们该如何协助儿童获得老师的支持呢?

1.尊敬老师

尊敬师长,是每个学生必须做到的,老师辛勤地工作,希望每个学生都能成人成才,但教师也是人,难免有缺点、有错误,如果因为教师工作中有缺点、有错误就不尊敬,那是不对的。我们应该告诉儿童,你应该体谅老师的苦心,更要尊敬老师。有了尊敬,才能建立良好的师生感情。

2.努力学习,用成绩回报老师

老师希望每个学生都取得好成绩,因此,对那些学习用功、成绩优异的学生，老师总是格外关注，因为他们是老师教学成果的最好证明，因此，我们也要让孩子明白，要想获得老师支持，成绩是最好的证明，学习成绩的上升，会让老师看到你的努力，自然会喜欢你。

3.主动关心老师

比如在某个节日的时候，我们可以协助儿童，为老师精心地制作一个礼物，并让孩子写上想对老师说的话，如：在给班主任老师的贺卡上写道："亲爱的老师，这一年来给您添麻烦了，感谢您的辛勤培育。在新的一年里，我打算把各个成绩都提高一个层次，请您继续关注我，帮我一把，好吗？"相信，任何一个老师看了这张贺卡，都会被你的上进心所打动的。

我就是想在课堂上捣乱
——遵守课堂纪律是对老师最大的尊重

任何一名儿童，都要离开家庭、步入学校、参加学校的学习活动，如果儿童不遵守课堂纪律，课堂就是一盘散沙。然而，不少父母有这样的苦恼：孩子在课堂上总是违反课堂纪律，不但自己不认真学习，还打扰了别人，这让家长和老师都十分烦恼，对此，我们要配合学校工作，为孩子制定规矩，只有这样，孩子才能认真学习。

然而，不少儿童一到上课时，就由以前一个上课认真听讲的好学生变成一个"捣蛋虫"，这不仅给老师的教学工作带来困扰，也让很多父母忧心忡忡，很多父母也被老师请到学校，希望能找到一条有效解决问题的途径。

"我真不知道您的儿子是不是有多动症，他这样总是捣乱，我没法上课，也影响了其他同学，希望你回去好好和他沟通下。"一位老师义愤填膺地对某家长说。

"我这个月已经是第五次被老师请到学校了，我儿子上课要么不听讲，要么和同桌讲悄悄话，更为严重的是，一次他居然把篮球拿出来，和几个男生一起玩起传球，那个新来的英语老师被气得半死。"一位父亲说。

"我的女儿一点也不像别的女孩那样讨人喜欢，她在班上是个不受小朋友欢迎的孩子，她简直就是班上的'捣乱大王'：老师让小朋友们排队离开教室时，她在地板上爬来滚去地疯；小朋友们聚精会神听老师讲故事时，她推推左边的同伴、拍拍右边的同伴，不停地捣乱；游戏的时候，又很霸道，她喜欢的玩具就要独占，不让其他小朋友碰……"

其实，不少老师都遇到过这些不遵守课堂纪律的孩子，只不过有的老师能"镇"得住学生，而有的老师天性温柔，就难免会受一些学生的"不敬"，所以，我们做父母的，除了关心孩子平时的学习成绩，也不要忽略了培养孩子的校园生活，而第一点就是遵守课堂纪律。

一般来说,孩子在课堂上不能注意听讲大约有三种表现:

一是这些孩子不听讲,但都是"自己玩自己的",也就是不会影响到老师上课,也不会影响他人听课,但却在座位上做小动作,比如,玩文具、听音乐、看课外书等。

当然,这类孩子不听讲并不是为了让老师生气,而是因为他们根本无法听进去老师上课的内容或者根本听不懂。我们可以认为这是一种学习障碍。

二是自己不听讲,却还影响周围其他的同学。这类同学似乎永远有说不完的新鲜事,甚至绘声绘色地为周围其他同学讲述,有的同学碍于面子或者同样有话要说,也有的同学是不和别人说自言自语,这就造成课堂学习中的一种噪声,既严重干扰了老师的课堂教学,又严重影响学生的学习效果。

三是一些同学自己不听讲,还在课堂上大声喧哗,甚至随便离开座位、打闹,极大破坏了老师的课堂教学及学生的课堂学习,老师经常不得不中止教学维持课堂纪律。

对于这种孩子的这些情况,我们家长要明白,这是极度缺乏教养的,必须要给予干预,要知道,孩子进入学校,就要遵守学校的规章制度,这样,教师的教学工作才能进行,我们要让孩子明白,遵守课堂纪律,是对老师的最基本的尊重。如果每个儿童在上课时都不遵守课堂纪律,那么,老师就没办法上课。

那么,具体来说,我们该怎么做呢?

1.告诉儿童遵守课堂纪律是基本的礼仪,也是受到老师和其他同学欢迎的前提

现在的孩子,在家里基本过着"一个中心"的生活,这容易养成孩子以自我为中心的行为习惯,所以会给别人留下霸道的印象。

对此,作为父母,我们也要告诉儿童,学生在学校以及与他人相处过程中都要遵守一定的礼仪,礼仪应该从小注意与培养,这是一个人素质的体现,不遵守课堂纪律,会让其他同学厌恶。

2.培养儿童尊重他人的意识和习惯

我们要让儿童明白,友谊是一笔宝贵的财富,而要获得友谊就要懂得从他人角度考虑,就不能不遵守课堂纪律,这样,你的孩子会一生受益无穷!

3.与老师沟通,减缓儿童的课堂焦虑情绪

焦虑是一种情绪状态,是一个人自尊心受到威胁时产生的情绪反应。适度的焦虑可以有效地激励孩子学习,而过度的焦虑则可能影响儿童学习并引发问题行为。很多情况下,儿童的课堂违纪行为就是他们焦虑的结果。

实际上,要想让儿童很好地遵守课堂纪律,很大程度上取决于老师对学生的态度及师生关系。如果老师能真正关心、爱护学生,学生不仅会遵守课堂纪律,还会维护、支持老师的工作,帮助老师维持课堂纪律。

遵守课堂纪律，既是尊重老师的表现，也是珍惜学业与集体的行为。孩子在学校不遵守课堂纪律，父母要与学校和老师一起努力，帮助孩子纠正不良行为，并制定规矩，让孩子爱上课堂，爱上学习！

我就是讨厌老师
——儿童与老师关系不和谐，如何引导

作为父母，我们知道，中国自古以来就是一个尊师重教的国度，我们强调"一日为师终身为父"，就是强调要尊敬师长、感恩老师，作为父母，我们要让儿童认识到老师在自身成长过程中的重要引导作用，要让儿童学会感恩。而同时，对于任何一个儿童来说，大部分时间都待在学校，就免不了与老师打交道，而师生关系如何直接影响了孩子的学习兴趣，作为父母，可能你也发现，孩子与哪个老师关系比较融洽，喜欢上哪门课，哪门成绩就好；如果与哪个老师关系不和谐也会殃及那门课，这大概也是爱屋及乌的反应吧。从这一方面看，我们也应该教育儿童要融洽师生关系。

另外，学生的大部分时间在学校里，就免不了和老师交往。而与老师关系不融洽，是导致儿童在学校叛逆的重要原因之一，我们来看看下面的案例：

张老师是一位教龄长达30年的老教师了,她在某小学二年级任数学老师,她的学生可谓桃李满天下。

最近,张老师发现班上一些同学铺张浪费,比如某个同学过生日,就送几百元的礼物,比如一些电子设备、手表、衣服等,小小年纪,就搞这些名堂,这怎么得了?若放任不管,这些孩子走了下坡路,想到这,张老师下决心解决这一问题。

有段时间,张老师没收了这些礼物,一天课间时间,张老师从一位女同学的抽屉里发现了写有"生日快乐"字样的礼物当场收走。

这位女学生在这种情况下,两眼喷火,恨不能上前咬这位特别"负责任"的老师一口。

张老师为这事,确实操碎了心。可是,没有谁理解她。

可能不少儿童都和故事中的这位女孩一样,由于老师对自己管得过于严格而厌恶老师。其实,不管老师做什么,他的出发点都是为了学生,希望学生能成人成才。

为此,我们父母在教育儿童时,不但要督促其努力学习,还要帮助儿童理解老师的辛苦,理解儿童的老师更听话,为此,我们可以从以下几个方面教育儿童和老师搞好关系:

1.教育儿童尊重老师,尊重老师的劳动

有人说,教师是太阳底下最光辉的职业,这句话一点也不假,老师从踏上岗位的那一刻起,就无私地奉献着自己的青春。老师对学生严厉,也是希望学生学好,要问老师希望得到什么回报的话,就是希望看到学生成才、成熟,希望看到学生从自己那里学到最多的知识。

因此,我们要告诉儿童:不管老师怎样严格要求你,你都要理解老师、尊敬老师,见到老师礼貌地打声招呼。另外,用实际行动尊重老师的劳动:上课认真听讲,不破坏纪律,把老师留的作业保质保量地完成。尊敬老师,尊重老师的劳动,是师生和谐相处的基本前提。

2.培养儿童勤学好问、虚心求教的品质

如果你的孩子会认为"那个老师并不怎么样","他的水平太低了",那么,你要告诉孩子:"等到你长大以后,你会知道这种看法和想法是多么天真。因为不管老师水平到底怎样,但老师之所以能成为老师,必当够格教你知识,老师从他的年龄、学问、阅历上的水平肯定是高于你的。所以,要向老师虚心求教好问不仅直接使学习受益,还会增多、加深和老师的交流,无形中就缩短了与老师的距离,每个老师都喜欢肯动脑筋的学生。"

3.告诫儿童犯了错误要勇于承认,及时改正

人无完人,儿童都会犯错,老师都能理解,并都愿意指正儿童的失误。而有的儿童明知自己错了,受到批评,即使心理服气,嘴上也死不认错,与老师搞得很僵。也有一些儿童,"一着被蛇咬三年怕井绳",受过老师一次批评心里就特别怕那个老师,认为他是对自己有成见。

对此,你要告诉儿童:"错了就是错了,主动向老师承认,改正就是好学生。老师不会因为谁有一次没有完成作业,有一次违反了纪律就认为他是坏学生,就对他有成见。"

4.教导儿童正确对待老师的过失,委婉地向老师提意见

在有些儿童心理,老师就是完人,老师不应该犯错,实际上,这种想法是不正确的,老师也是人,也会犯错,也会有失误。其实,根本不可能存在没有缺点的人。老师不是完美的,如果他有的观点不正确,或误解了某个同学,甚至有的老师"架子"比较大,或是太严厉,这都是可能的。心理学的研究发现,人们会对没有缺点的人敬而远之。

我们要教导儿童:"如果你发现老师的不足要持理解态度,向老师提意见语气要委婉,时机要适当。相信,老师会感激你的指正。如果老师冤枉了你,不要当面和老师顶撞,这样不但无助于问题的解决,还会恶化师生的关系。暂且忍一忍,等大家都心平气和再说。"

总之,我们要儿童明白的是,老师是他们的第二个家长,要尊敬、爱戴你的老师,和老师搞好关系,因为与老师关系融洽既可以促进学习,又可以学到很多做人的道理,会使他一生受益无穷,当儿童明白这一道理之后,对老师自然少了很多对抗情绪。

你凭什么训我,我没作弊!
——帮助儿童和老师化解误会

作为家长,我们都知道,自从我们把儿童送进学校,他们接触的最为权威的人就是教师了,然而,老师也是人,也会犯错,如教学错误或者误解了孩子等,而此时,如果我们的孩子顶撞老师或者嘲笑老师,都是没有素养的表现,对此,我们要告诉儿童,即使反驳老师,也要注意言辞,反驳的时候要注意分寸,注意礼貌。不知道怎么回答的问题,不要强答狡辩。一般来说,老师都是明理的,在发现自己的错误后,一般都会及时更正。我们先来看下面的案例:

某一天傍晚,下班回家的陈太太做晚饭,儿子气呼呼地回来了。看到儿子气急败坏的样子,陈太太知道儿子在学校肯定发生什么事了,便安慰道:"小凯,是不是谁欺负你了,这么大火气。"

"妈妈,别说了,我烦躁。"

"好好好,妈妈不问,但你要知道,妈妈是你最知心的朋友,有什么不开心的都可以告诉妈妈。"

听到妈妈宽慰的话,儿子支支吾吾说:"妈妈,为什么老师不问青红皂白就说我作弊,明明是后座的同学拿了我的试卷,我不给,他非抢,我好委屈。"说完,儿子哭了。

看到儿子委屈的样子,陈太太大概明白怎么回事了,晚上，她就给儿子的数学老师打了电话，原来，老师因为儿子在数学测验中作弊，当全班同学的面批评了儿子，在澄清了事实后，被冤枉的儿子在得到老师的道歉后，扑哧一声笑了。

的确，很多儿童都与老师发生过不快，比如被老师误解，和老师在知识点上有分歧，而作为学生，首先要尊重老师，与老师真诚沟通，便能很快消除分歧，然而，似乎不少学生，尤其是年纪较大的学生，甚至会对老师表现出对抗，甚至大发脾气，这是对老师极不尊重的一种表现。

那么，作为父母，对于这一问题，我们该如何解决呢？

1.告诉儿童正确对待老师的过失，委婉地向老师提意见

在有些学生看来，老师就应该是完人，不应该犯错，实际上，这种想法是不正确的，老师也是人，也会犯错，也会有失误。其实，根本不可能存在没有缺点的人。老师不是完美的，如果他有的观点不正确，或误解了某个同学，甚至有的老师"架子"比较大，或是太严厉，这都是可能的。

作为父母，我们要告诉孩子："如果你发现老师的不足要持理解态度，向老师提意见语气要委婉，时机要适当。相信，老师会感激你的指正。如果老师冤枉了你，不要当面和老师顶撞，这样不但无助于问题的解决，还会恶化师生的关系。暂且忍一忍，等大家都心平气和再说。不管怎么说，老师是长者，做学生的应该把他们置于长者的位置，照顾老师的自尊心和面子。"

2.儿童出现对抗老师的叛逆行为,家长一定要保持平静

要做到这一点,我们需要不断提醒自己:孩子的行为并非针对个人,只是情绪化而已,因此,即使你的孩子把坏情绪带到家中,你也要给其发泄的机会,而不应该硬性压制。

避免争吵。对于情绪中的孩子,争吵只会激化矛盾。

3.对于老师对孩子的不恰当的管教,家长要与老师沟通

这里的"不恰当",可能是一般指的是老师对学生的误解,比如,误认为孩子作弊或者片面地认为孩子打架的原因在一方。对此,我们可以和老师沟通,让老师明白孩子的行为并非故意,而是孩子的逆反心理,搞清楚事情的原委,能帮助孩子和老师化解误会。

4.被老师误解和惩罚的儿童,我们要为其创造安全的家庭气氛

可能你的孩子会觉得,被老师惩罚是一件很丢人、伤心的事,此时,你要让孩子知道,家庭是一个保护他的地方、一个温暖的港湾。而创造一个安全的家庭气氛对青春前期的孩子至关重要。

你可以鼓励你的孩子:"看得出来,今天你受了委屈,能跟妈妈说说吗?"这句话,会让你的孩子感受到你的关心和理解。

5.和老师取得联系,弄清事情原委

如果你的孩子只是做作业不认真或者上课开小差等,并无大碍;而如果你的孩子严重违纪或者做出一些出格的事,就需要你引起注意,密切观察孩子的举动,以防孩子走上歧途。

总之,对于成长中的儿童来说,我们要让其明白,尊重老师是一个学生最基本的素质,同时,我们也一定要对孩子多加关心,并及时帮助孩子疏导在学校与老师相处过程中产生的那些不良情绪!

第08章

热情懂事，培养在客人面前不失礼的好孩子

　　日常生活中，人与人之间有交际就有迎来送往，亲戚朋友们之间相互走动是再正常不过的事，有做客就有待客，在家庭中，让儿童学会接待客人，是培养儿童社会交往能力的重要时机，那么，如何让儿童做好接待客人的小主人呢？接下来我们在本章中进行一一分析。

我是今天的小主人
——教育儿童学会主动招待客人

在日常生活中,有人际交往,就有迎来送往,因此,我们的家中经常会有客人来,面对家中有来客的情况,可能不少父母会这样打发年幼的孩子:"你自己玩去,爸爸妈妈要陪客人。"而孩子在得到了爸爸妈妈的"指令"后,便会自顾自地一个人玩去了,久而久之,在这个家庭里,接待客人似乎就与孩子无关了,而一旦爸爸妈妈不在家,客人突然到访,孩子就手足无措了,而一些有心的父母会借此机会让儿童自己锻炼待人接物的能力,让孩子参与到招待客人的活动中,这样,孩子在潜移默化中便学会了如何与人沟通和交往。

接下来,我们先来看看下面的案例:

苹苹今年5岁了,是个可爱的小女孩,她的父母都是大学老师,因此,家里经常有前来请教的学生或其他老师来探讨学术问题。苹苹并不喜欢,每次有客人来时,她都表现得比平时反常,要么纠缠着妈妈不放,要么是和妈妈闹别扭,而有客人在场时,妈妈也很难堪。不过后来的一次经历,改变了妈妈的看法。

热情懂事，培养在客人面前不失礼的好孩子 第08章

有一天，同事带了女儿来家里，妈妈还担心女儿又闹别扭，但她走进女儿房间一看，发现，苹苹正和这位小朋友玩得很开心，原来这个小朋友很活泼，她主动问苹苹在学校都有什么趣事，苹苹很高兴地跟她讲述着，后来还拿出自己的很多"宝贝"给她看。

看到这一幕，妈妈才突然发现，原来以前苹苹不喜欢别人来做客，是因为家里来了客人，她就被晾在一边，好像和自己没关系一样。

后来，妈妈知道这一点后，每次家里再来客人，就让苹苹和自己一起招待，而且让女儿大胆地在客人面前表演最新学的舞蹈、歌曲等，大家都对苹苹的表现赞赏有加，得到肯定后的苹苹，表现得更好了，而且，后来在有客人来的时候，苹苹还主动拿水果和点心给客人，妈妈甚至完全可以把客人交给女儿招待了。

不少家长可能也和案例中的苹苹妈妈一样，发现孩子在平时乖巧听话，但是一旦家中来了客人，就一反常态，比如没有礼貌，要么纠缠父母，要么和小客人争抢零食和玩具，甚至胡闹，这些会让家长头疼，让客人尴尬，其实，这些儿童的是"失礼"行为，可能是"故意为之"，就是因为他们没有把自己当成主人，从小让孩子主动待客，并告诉他待客的礼仪，让孩子做一个有礼貌教养，热情大方的人，那么儿童就会受到欢迎，会得到别人的邀请，还有结交更多的小朋友。

· 139 ·

具体来说，我们可以这样做：

1.大方将自己的孩子介绍给客人认识

把孩子郑重地介绍给客人，是对儿童的一种尊重，同时，也能让孩子意识到自己在家庭中的重要性，进而发挥主人翁精神而去招待客人。

而反过来，我们把儿童介绍给客人，强调孩子的优点，鼓励儿童与客人交流，进而让儿童自己摸索如何与客人相处。

2.鼓励孩子和客人互动

家中可以陈列一些照片，或者儿童的手工作品等，让儿童为客人讲解，继而促使儿童与成人之间大方交流，注意收集宝宝感兴趣的卡通片、故事角色、近来爱玩的小游戏，这样才能准确无误地找到宝宝喜欢的话题，让宝宝不会抗拒和客人一起交流。

3.家长招待客人也别忽略孩子

不少家长都认为，客人来了，让孩子一边玩去就可以了，其实，即使孩子还小，无法招待客人，我们让孩子在一边玩，也别忽视了孩子，我们在招待客人的间隙问问孩子，向他传递这样的信息："客人很重要，但你也很重要，爸妈并没有置你于不顾。"

4.鼓励孩子参与到某些话题中来

当家中有客人，如果谈论的问题比较深奥、不适合儿童，那么，大人可以让儿童做一些端茶倒水的工作，而有些话题也适合孩子，此时可以让孩子也来参加，客人来访，在他讲到某些话题时，其实我们也可以引导孩子来参加，征询一下孩子的意见，比如，客人问，应不应该让学龄前的孩子上网，或者带四岁以前的孩子进行长途旅行……这些问题时，当然是同龄人最有发言权。

让儿童参与到成人之间的对话，不但能提升儿童的语言能力和交流能力，还能训练儿童的勇气以及不怯场的大方风度，对孩子极有好处，同时也解决了大人相谈甚欢时孩子的孤寂感。

相信经过父母的耳濡目染，儿童就会成为礼貌的小主人，孩子的人际关系好了，以后办什么事就顺利了。

闭上小嘴巴
——大人说话，孩子如何不插嘴

生活中的一些父母，不知你是否发现，孩子在平时还好，但只要家里来了客人，就显得特别活泼、喜欢说话，无论大人说什么，他们都会插上几句话，而且好像总有问不完的问题，且总是问个不停，大有打破砂锅问到底的势头，并且得不到答案不罢休的执着。此时，有客人在场，难免尴尬，为此，不少父母都在寻找如何让儿童学会"闭嘴"的方法。

对此，我们先来看下面的案例：

周末这天，家里来客人了，来的是妈妈的女同事，妈妈开始和女同事谈工作中的一些问题，但只要妈妈和别人聊天，女儿燕燕就像话痨一样追着妈妈说这说那，一会儿说，妈妈给我拿小熊饼干，一会儿说，妈妈我要芭比娃娃，一会儿说，妈妈，我要喝水。

妈妈告诉燕燕说："宝贝，妈妈在和客人聊天，你自己玩一会儿"。但燕燕依旧吵个不停，妈妈的心变得有些烦乱，无法和同事继续交流。同事说了几句后就告别走了，这让妈妈感到很难为情。

其实孩子插嘴并不一定都是坏事，孩子喜欢发表自己的看法，这都是很正常的事。如果一概不让孩子插嘴，家长和孩子之间便会慢慢地筑起一道高墙，孩子的观点得不到表达，错误的、正确的东西也无法及时地计较、改正，这不利于孩子的发展，因此，一概反对插嘴的做法是有失偏颇的。

那么，儿童为什么喜欢插嘴呢？

以下是几点分析：

1.希望获得大人的关注

对于年纪较小的儿童，他们往往更以自我为中心，在他们的心目中，父母长辈都应该围着自己转，他们无法忍受父母与他人交谈而冷落自己，因此，当父母与朋友聊天、打电话时，他就通过插嘴的方式提醒父母重视自己的存在，达到把父母的注意力吸引到自己身上的目的。

在与他人交往时，不管孩子多小，父母都应先郑重地向他人介绍孩子。这可以让孩子感觉自己很重要，没有被忽略。另外，条件许可的话，可请家人或保姆帮助照看孩子。

2.孩子对谈论的内容感兴趣

随着年龄的增长，孩子对周围的事物也越来越好奇。当妈妈与客人的谈话引起他的好奇时，孩子会提出一些相关的问题，希望得到解答，这是他们了解周围世界最常用的方式。

3.还没学会等待

我们要让儿童知道，需要等一个人讲完了，另一个人才能接下去说。试试引导孩子换一个角度去思考问题，体会别人的感受。

比如，在他讲到最兴奋的时候插话进去，说你自己的事情，让他没法讲述，这会让他受不了，这时你再告诉他：你看，别人说话的时候，你要是不停地插嘴，别人也会受不了的。让孩子了解插话带给别人的不良感受。刚开始的时候，即使你做了各种努力，可能仍看不到明显成效，千万不要灰心丧气，耐心等待对于你和孩子来说都十分重要。

针对以上这些原因，我们给出几点解决方法：

1.给孩子参与谈话的机会

如果孩子插话的内容与大人正在交谈的话题有关，可以试着让其融入大人的谈话中，并引导孩子思考、学习与人沟通；当你和客人谈到一些孩子不理解的事情时，可以适当抽出一些时间，向孩子解释。粗暴地拒绝孩子参与谈话，只会让孩子以同样的方式来对待他人。

2.转移孩子的注意力

如果家长需要接待的是重要的客人、商讨重要的事，那么，最好先安排好孩子的活动，让他有事可做，如让孩子看看有趣的动画节目，为孩子准备几本好看的漫画书，或者给他一些能让他安静下来的玩具等。

3.重视和尊重孩子的意见

也许你会认为孩子还小，说的话能有什么作用，但其实，即便孩子的想法都是错误的，也不要嘲笑、训斥他，而是明确地告诉他错在哪里。这样有利于培养孩子诚实、坦率、开朗的性格，同时也有利于满足孩子的求知欲，丰富其生活经验，扩大孩子的知识面，还可以锻炼孩子的思维能力及处理事务的能力。

4.指导儿童学习一切正确"插话"的技巧

儿童毕竟还是孩子，他们缺乏一定的社会交往和生活经验，因此，说话往往随心所欲，不懂得按照场合和时间来克制自己，这时，与其指责孩子，还不如教给孩子一些说话技巧。如告诉孩子，要想加入别人的谈话，首先要听清楚谈话的内容，然后尽量准确完整的说清自己的想法。插话时不能大声喧哗，咄咄逼人。如果孩子插话很不是时候，家长不妨和孩子商量一下，如：等妈妈和阿姨讨论完这个问题，你再发表意见可以吗？让孩子明白只有在别人说话停顿或告一段落时才可以插话。

另外，在日常沟通中，有些父母也要注意自己的言行，一些父母会毫无顾忌地打断孩子的话，和孩子说不到一块儿时，甚至粗暴地让孩子闭嘴。有些夫妻在交谈时不能互相尊重，不能耐心地听对方说话，会自顾自地说，意见不一致时会大声吵架，而孩子在这样的家庭环境下，难免受到影响，让他们形成了错误的谈话方式，他们会认为只要想说就可以说，因此常常会不合时宜地开口。

总的来说，我们要让儿童明白，学会适时、适度地表达自己想法的技巧是人际交往中必不可少的一课。因此，一个开明的家长，绝不是一言堂，即使有客人在场，他们也会给儿童说话的机会，鼓励孩子大胆地说出自己的想法，在这一过程中，他们将学会表达自己，说服对方，取得共识。

家里突然来客人了怎么办
——告诉儿童接待客人先要有准备

在家庭生活中，迎来送往是常有的事，所以我们成人经常需要接待客人，而同样，作为家庭成员的孩子，也要学习一些待客之道，给人留下美好的印象。生活中，可能不少儿童面临客人的造访会手足无措，其实，为了防止儿童的失礼，我们可以事先告诉儿童如何接待，做好准备工作，让儿童从容应对客人的到访。

我们先来看下面的案例：

优优的妈妈是位教育的有心人，她深知培养儿童的社交能力对女儿未来成长的重要性，所以，在优优还很小的时候，就让优优主动接待来访的亲戚朋友。

最近，老师要来家里做一次家访，妈妈心想，如果女儿能谈吐大方、彬彬有礼地与老师交谈，这对于提升女儿的社交能力与自信是十分有帮助的，但妈妈转念一想，女儿毕竟才6岁，如果不教孩子怎么做的话，家里真来了客人，一定会手忙脚乱、不知所措，如果不给予指导的话，可能还是会手忙脚乱，所以，老师来的头一天，她就告诉女儿，老师要来家里做家访，希望她来做这次接待的主人，这样是为了让女儿有个心理准备，其次，她告诉女儿，老师来了之后，要热情打招呼和迎接，将老师引进客厅，然后问询老师的口味，要为老师准备茶点，再次，明确老师家访的目的，与老师大方交流，而这个过程中，父母也会接待，但主要接待任务还是交给她。

优优果然没有让妈妈失望，老师第二天做完家访告诉她，优优是个很懂事乖巧的孩子，而且，才只有6岁，就能如此待人接物，确实很难得，听到老师这样的赞美，优优更开心了。

这里，优优妈妈是一个对孩子社交能力培养的有心人，让孩子做接待客人的小主人，并告诉孩子做足准备工作，不但给予了孩子实践的机会，也避免孩子因经验不足而受挫，是对孩子接待客人的最好历练。

在现实生活中，不少父母感叹，家里来了客人，孩子要么是态度冷漠，表示不欢迎，或者躲在一旁，客人跟他讲话，表现拘谨、胆小，态度不自然。要么非常兴奋，以"人来疯"的方式引起客人对自己的注意。而其实，这些都是父母没有找对教孩子应对客人的方法，那么，我们该怎样教孩子接待客人呢？怎样利用这个机会培养孩子的交往能力呢？

为此，根据上面案例中优优妈妈的经验，具体来说，我们可以这样做：

1.心理准备

在父母知道有人要来拜访时，就应提前告诉儿童，将会有什么人要来家里做客，是来干什么的，与父母的关系是怎样的，应该如何称呼等，让孩子了解这些，是为了让孩子在接待客人时有个心理准备而不至于手足无措。

2.物质准备

我们还应让孩子做好物质准备，比如，让他学会准备一些饮料、糖果、点心，或为小客人准备玩具、图书。与儿童共同创造一种迎接客人来到的气氛。

3.客人拜访时的准备

我们父母除了在平时对儿童的言传身教外，还要从口头上告诉儿童该怎么做，如当客人出现时，提醒儿童要热情招呼、称呼对方，要请客人进屋坐，请客人吃点心等。

如若来的是小客人，要招待小客人吃零食、喝饮料，拿自己的玩具或者图书与小客人一起分享，或者请小客人参观自己的卧室，参观自己的小"作品"等。

鼓励或教儿童与客人交谈，必要时提供词语。如果儿童有弹琴、绘画等特长，可适当地鼓励孩子为客人表演。

另外，我们在让孩子做准备工作时，要了解儿童的特点，不要让儿童干他不愿意干的事，如果儿童本来就胆小懦弱，但你硬是让儿童接待客人，儿童因为紧张而说错话、做错事，结果会使儿童更加怯弱胆小，对客人更加冷漠。

而对"人来疯"的儿童，家长切忌在客人面前训斥或打骂，应设法让他暂时离开，待其冷静后再让他和大家在一起。

客人走后，及时对儿童的表现作评价，肯定他好的表现，指出他不够的地方和改进的办法，使儿童逐步提高待客的能力。

以礼相送
——客人离去，教会儿童周到送客

中国人常说，待客有礼，其实，我们所说的"待客"，不只是招待客人，还有送客，有"迎来"就有"送往"，送客在整个招待过程中起到的是画龙点睛的作用，如果送客之礼到位，就会锦上添花，让待客完美收官，而如果在最后的这一步骤上没有做好的话，那么，即使前面与客人再相谈甚欢，整个招待过程也略显遗憾。

因此，作为父母，我们在日常对儿童的礼仪教育中，也要教会儿童送客的礼节，当他们很好地运用到送客过程中时，则会让客人备感温暖，对接待自己的主人也会非常满意。

甜甜是一个书香世家的孩子，从小爸爸妈妈就特别注重对她的礼仪教育，到甜甜8岁时候，她已经能独自招待客人了，即便父母不在家，她也能让客人满意离去，为此，爸爸妈妈的不少朋友和同事都夸赞甜甜很懂事。

有一年，妈妈大学时的闺蜜从外地来北京开会，顺便来看看妈妈，妈妈因为有事很晚才回来，只好让甜甜先帮忙招待下，甜甜陪这位阿姨聊了很久，但后来这位阿姨的公司有急事就要先走，而此时，甜甜很遗憾地说："罗阿姨，我妈妈还没来得及和您叙旧呢，这么快就走，希望您以后多抽出些时间来我们家！"罗阿姨听了，笑得合不拢嘴，她没想到才八九岁的小孩子就这么懂事。

这件事被罗阿姨告诉了甜甜的妈妈，称这个孩子将来一定是个人见人爱的淑女。

无独有偶，这样懂事的孩子很多，飞飞就这样懂事的孩子：

飞飞是一名三年级学生，和其他调皮的男孩不同，他很懂事，可能是因为爸爸妈妈平时太忙的关系，他很多事都自己去做,而家里来了客人,很多时候也是飞飞接待。

虽然飞飞今年才九岁,但来拜访的叔叔阿姨们对他都有很好的印象——"懂事""教养好""周到体贴"。有时候,一些客人是来家里等爸爸妈妈的,但即便最后他们没等到,他们在离开的时候也很开心。

这不,有一天,妈妈的老同学孙阿姨打电话告诉妈妈说:"飞飞可真是个懂礼貌、懂礼节的孩子,我上次去你家找你,心想你肯定在家,结果你不在,是飞飞招待我的,在我临走的时候,还说希望我有时间一定要来家里再来玩,并且还把我送到楼下,给我开门,真是个小绅士呢,这个孩子……哎呀……真是太懂事了!"

像飞飞和甜甜这样的儿童,肯定会让客人感到舒服,就算自己本该找的人没等到,也会因为小主人的热情相送而备感温暖。

让儿童接待客人,在很多家庭中都有,但是并不是每个儿童都能做到游刃有余、落落大方,让客人满意离去的,的确,有哪个家长不希望自己的孩子能像案例中的这两个孩子这样,成为一个以礼相待、以礼相送的小主人呢?对此,我们家长要告诉儿童:

1.等客人起身后,才起身相送

客人告诉自己要走的时候,告诉孩子不要在客人起身前起身,因为这样会显得我们有点迫不及待地想让客人离开,而是应该等客人起身后,才起身相送,而客人走到门口要走的时候,应有礼貌地说"再见"。如果客人中有年老体弱者,则应帮助下楼上车,然后再道别。

2.对客人带来的礼物再次表示感谢之情

通常情况下,人们在拜访他人时,或多或少地会带一些小礼物,对于客人带来的礼物,我们也要让儿童表达感谢之情,而在送客人走的时候,要再次表达这种谢意,而如果家长也为客人准备了礼物,客人婉拒时,儿童应大方地劝客人将礼物收下。

3.帮客人检查有无遗漏

当客人告辞时,告诉孩子可以帮助客人检查一下是否有东西遗留,以免为客人带来不便。

总的来说,送客的礼节在整个接待过程中非常重要,我们要培养有礼有节的儿童,就要让孩子关注这一细节。

参考文献

[1]徐可夫.儿童社交能力养成课[M].天津：天津科学技术出版社，2019.

[2]柯恩.如何培养孩子的社交商[M].安燕玲，译.重庆：重庆出版社，2018.

[3]方州.孩子社交第一课[M].北京：中国华侨出版公司，2011.

[4]路建立.让孩子成为社交小达人[M].北京：中国经济出版社，2013.